Die besten
Knödel, Klöße
& Gnocchi

Petra Greinke

Die besten Knödel, Klöße & Gnocchi

Ein runder Genuss aus Mehl, Kartoffeln, Grieß und mehr

Bassermann

Inhalt

Die Schinkenklößchen machen aus einer einfachen Brühe etwas ganz Besonderes.

Die böhmischen Semmelknödel mit Gulasch sind ein schönes Sonntagsessen.

Ein echter Klassiker: Klöße aus rohen Kartoffeln mit Schweinebraten.

Die gefüllten Germknödel sind eine Spezialität aus Österreich.

Eine runde Sache

»Klöße sind kleine oder große Bälle (wie große Äpfel), werden mit den Händen oder mit zwei Löffeln gemacht und bestehen aus den unten beschriebenen von Mehl, Semmel und Eyern gemischten Massen. Sie werden in Brühe, Milch oder Wasser fast immer allein gekocht. Wenn sie gut gerathen sind (welches nicht immer der Fall ist), so sind sie ein ebenso nahrhaftes wie wohlschmeckendes Gericht. Ein großer Vorzug ist ihre Wohlfeilheit, weshalb sie auch niemals in Vergessenheit kommen werden.«
A. E. Lehmann, Dresden, 1838

Klöße und Knödel – ob das wohl ein zeitgemäßes Thema ist, mag sich so mancher fragen, der dieses Buch zum ersten Mal in die Hand nimmt. Ob es altmodisch ist, weil Klöße in vergangenen Zeiten in der bürgerlichen Küche einen höheren Stellenwert als heute einnahmen? Weit gefehlt! Das Thema ist aktuell wie immer, denn bodenständige Kost hat nicht umsonst ganze Generationen überlebt. Man denke nur an die vielen regionalen Spezialitäten von Norddeutschland über Sachsen, Thüringen und Bayern bis nach Österreich. Ganz zu schweigen von der böhmischen Küche, die als Wiege vieler Kloßkreationen angesehen wird.

Italienische Verwandtschaft

Wer sich von Großmutters Rezepten auf den ersten Blick nicht einfangen lässt, der sollte sich insgeheim fragen, ob er nicht schon längst von italienischen Gnocchi schwärmt. Jene kleinen, weichen, auf der Zunge zergehenden Gebilde, die in erfrischenden Saucen und raffinierten Zubereitungsformen in Feinschmeckerlokalen auf der Speisekarte zu finden sind. Gnocchi sind nämlich nichts anderes als kleine Klößchen, deren Teigzubereitung der von Klößen und Knödeln gleicht.

Kartoffel-Semmelknödel sind eine Spezialität der Süddeutschen.

Klöße oder Knödel

Zwei Namen für eine Sache. Kleine Teigstücke, die in siedender Flüssigkeit frei schwimmend garen. Als geografische Trennlinie in Deutschland kann man in Gedanken den Main bei Frankfurt betrachten, doch dies ist nicht von kulinarischer Bedeutung. Während die Norddeutschen aus Brötchen ihre Klöße bereiten, zaubern die Süddeutschen aus Semmeln ihre Knödel. Im Allgemeinen sind Klöße kugelrund und Knödel einfach nur rundlich.

Locker und luftig

Neben Weizen, der Grundlage für jegliches Weißbrot, ob Brötchen oder Semmeln, spielen Kartoffeln eine wichtige Rolle bei der Zubereitung von Klößen. Darüber hinaus wird der Teig für Klöße auch aus Mehl und Grieß sowie Quark zubereitet. Die lockere Konsistenz wird durch die Zugabe von Eiern, Hefe oder Backpulver erreicht.

Teigarten

Kartoffelteig

Für Gnocchi und Klöße sollen nur mehlig kochende Kartoffeln verwendet werden. Sie haben den höchsten Stärkegehalt und damit andere Kocheigenschaften als fest kochende oder vorwiegend fest kochende Sorten. Sie springen beim Kochen stärker auf, kochen lockerer, sind trockener und grobkörniger. Zu lange gelagerte Kartoffeln oder Frühkartoffeln eignen sich nicht für Klöße, denn sie enthalten zu wenig Stärke. Kartoffelklöße gibt es aus rohen Kartoffeln, aus gekochten oder aus einer Mischung beider.

- **Für den Teig aus rohen Kartoffeln** die Kartoffeln waschen, schälen, roh fein reiben und in einem Tuch trocken auspressen. Je nach Rezept das aufgefangene Wasser stehen lassen, bis sich die Stärke abgesetzt hat. Das Wasser abgießen und die Stärke zurück zu der rohen Kartoffelmasse geben. Schnell arbeiten, da sich rohe geriebene Kartoffeln an der Luft verfärben. Dies sind enzymatische Reaktionen, die keine Wertminderung darstellen.
- **Für den Teig aus gekochten Kartoffeln** die Kartoffeln waschen, in wenig Wasser weich kochen, oder, damit sie auch schön trocken sind, in Alufolie wickeln und etwa

Das Schöne an Klößen ist, dass sie auch am nächsten Tag noch wunderbar schmecken. Einfach in Scheiben schneiden und mit Speck, Kräutern und Eiern anbraten.

Kartoffelteig vorbereiten

1 Für Klöße aus rohen Kartoffeln diese waschen, schälen und fein reiben.

2 Die Masse portionsweise in ein Leinentuch geben und fest auspressen.

3 Nach Bedarf die Stärke in dem Wasser absetzen lassen, zur Masse geben.

1 Für Klöße aus gekochten Kartoffeln diese weich kochen oder backen.

2 Sofort pellen und noch heiß durch eine Kartoffelpresse drücken.

3 Oder nach dem Pellen durch die feine Scheibe eines Fleischwolfs drehen.

Brötchen, Milch und Eier: die wichtigsten Zutaten für die Zubereitung köstlicher Klöße.

1 Stunde im Backofen bei 200 °C (Umluft 180 °C, Gas Stufe 3–4) backen. Anschließend pellen und noch heiß durch eine Kartoffelpresse auf eine leicht bemehlte Arbeitsfläche drücken oder durch die feine Scheibe eines Fleischwolfs drehen.

Brötchen-/Semmelteig

Was früher als Verwertung von harten Brotresten diente, wird heute gezielt gemacht. Grundlage dieses Teigs sind altbackene Brötchen, die, klein gewürfelt oder in feine Scheiben geschnitten, in heißer Milch eingeweicht werden. Sobald sie weich sind, wird das Brot gut ausgedrückt und mit Eiern und anderen Zutaten zu einem Teig verarbeitet.

»Du mußt dich niemals mit Schwur vermessen: Von dieser Speise will ich nichts essen.«
Johann Wolfgang von Goethe

Mehl-/Grießteig

Diese Teige werden meist aus Weizenmehl Type 405, Weizen- oder Maisgrieß zubereitet. Sie brauchen Flüssigkeit und Eier und zuweilen Backpulver, um zu gelingen.

Hefeteig

Dieser Teig wird meist mit frischer Hefe zubereitet. Im Unterschied zu den anderen Klößen wird er oft im Dampf gegart.

Klöße formen

Die Zutaten für den Kloßteig immer zu einer einheitlichen Masse mischen. Zum Formen der Klöße die Hände mit kaltem Wasser anfeuchten, damit der Teig nicht daran kleben bleibt. Man kann die Masse aber auch mit Hilfe von kalt angefeuchteten Löffeln abstechen, je nach gewünschter Nockengröße mit Tee- oder Esslöffeln. Der Teig wird dann von einem zum anderen Löffel so lange gedrückt, bis sich ein länglicher Kloß formt. Geformte Klöße legt man am besten auf ein bemehltes Brett oder einen feuchten Teller. Bei Serviettenknödeln wird die Masse im Ganzen gegart und erst dann in Portionen geteilt. Wie sie geformt werden, zeigen die Bilder auf Seite 9.

Klöße garen

Zum Garen von Klößen wird ein großer, flacher Topf benötigt, in dem die Klöße genügend Platz haben, um schwimmend zu garen, ohne dass sie sich berühren. Klöße und Knödel werden meist in Salzwasser gegart, das zuvor sprudelnd kochen muss. Auf 1 Liter Wasser wird 1 gestrichener Esslöffel Salz zugegeben. Man legt die Klöße mit Hilfe eines Schaumlöffels in das Wasser, lässt es einmal ganz kurz aufkochen, reduziert die Hitze und lässt die Klöße im siedenden, nicht sprudelnden Wasser bei offenem Topf gar ziehen. Die Klöße sind fertig, wenn sie an die Oberfläche steigen. Je nach Größe der Klöße kann

das bis zu 20 Minuten dauern. Als Garprobe nimmt man einen Kloß aus dem Wasser und reißt ihn mit zwei Gabeln auf; ist er innen trocken und locker, sind die Klöße gar. Um ganz sicher zu gehen und um die Konsistenz der Kloßmasse zu prüfen, kann man einen Probekloß zubereiten und ihn vorab in das siedende Wasser legen. Zerfällt er, muss man noch etwas Mehl oder Grieß einarbeiten. Ist der Kloß nach dem Garziehen zu hart, gibt man noch Flüssigkeit an den Teig.
Eine Ausnahme beim Garen bilden die Hefeklöße. Sie werden meist im Dampf gegart. Dafür einen breiten Topf zur Hälfte mit Wasser füllen. Ein Küchentuch über den Topf legen und mit Band rundherum festbinden, so dass es straff gespannt ist. Wasser zum Kochen bringen. Je nach Topfgröße 3 bis 4 Hefeklöße auf das Tuch legen und mit einer umgedrehten Schüssel abdecken. Klöße im Wasserdampf etwa 15 Minuten garen.

Einfrieren und auftauen

Klöße lassen sich ohne Probleme einfrieren. Zum Auftauen die Klöße mit kaltem Wasser ansetzen und langsam erhitzen, bis sie durch und durch heiß sind. So kann man auch Reste von Klößen aufwärmen.

Tiefgefrorene Serviettenknödel oder Reste vom Vortag sollten im Dampf und nicht in Wasser aufgewärmt werden, damit sie nicht zerfallen.

Semmel-/Serviettenknödel

1 *Für Semmelknödel die altbackenen Semmeln klein schneiden.*

2 *Die zerkleinerten Semmeln in heißer Milch einweichen, gut ausdrücken.*

3 *Die weiche Semmelmasse mit den restlichen Teigzutaten vermengen.*

1 *Serviettenknödel: Eine große Serviette in Wasser tauchen und auswringen.*

2 *Den Kloßteig darin nur locker einwickeln, denn die Masse dehnt sich aus.*

3 *Zusammenbinden. An einem Kochlöffelstiel in siedendes Wasser hängen.*

Klein, aber fein

Als Suppeneinlage oder Vorspeise sind kleine Klößchen, feine Knödel und zarte Nockerln einfach unschlagbar. Als ein feiner Bestandteil der Menüauftakter regen sie den Appetit mit an und machen Lust auf mehr. Es sind kleine Häppchen, sozusagen »Löffelbissen«, die an Zartheit nicht zu überbieten sind. Raffiniert gewürzt, dienen sie in den verschiedensten Suppen, Consommés und Brühen als Augenweide und Gaumenfreude zugleich. Das trifft auf Klassiker wie Leberknödel und Markklößchen ebenso zu wie auf Kreationen aus würzigem Parmesan oder Kabeljau.

Die Brühen-Grundrezepte auf dieser Seite sollen lediglich als Beispiele dienen. Es würde den Rahmen dieses Buchs sprengen, wollte man eine Vielzahl von Zubereitungen zeigen, in die Klöße und Knödel als Einlage passen.

Tipp der Köchin

Legen Sie beim Kochen der Fleischbrühe einen Kochlöffel zwischen Topf und Deckel. Dadurch kann das Fleisch mit geringer Luftzufuhr langsam vor sich hin garen. Auch brauchen Sie den immer wieder aufsteigenden Schaum nicht abzuschöpfen, er bleibt später beim Durchseihen der fertigen Brühe im Mulltuch hängen.

Grundrezept

Fleischbrühe

Für 6 Portionen

1 Zwiebel
1 Möhre
1 Bund Suppengrün
1 Selleriestange
500 g Rindfleisch zum Kochen
300 g Suppenknochen
1 Lorbeerblatt
1 TL schwarze Pfefferkörner
1 TL Salz

Außerdem:

2 Bund Schnittlauch

180 Minuten

1 Zwiebel ungeschält halbieren. Möhre und Suppengrün putzen. Sellerie waschen.

2 In einem Topf, der mindestens 4 Liter Inhalt fasst, alle Zutaten mit 1 1/2 Liter Wasser bei mittlerer Hitze und leicht geöffnetem Deckel langsam aufkochen. Die Hitze reduzieren und das Fleisch in 120 Minuten gar ziehen lassen. Den aufsteigenden Schaum nicht abschöpfen.

3 Die Brühe etwas auskühlen lassen. Das Fleisch herausnehmen. Ein Sieb mit einem Mulltuch auskleiden und die Brühe abseihen. Gemüse, Gewürze und Knochen entfernen.

4 Brühe erkalten lassen. Erstarrtes Fett abnehmen. Brühe erhitzen. Schnittlauch in Röllchen schneiden und zufügen.

Grundrezept

Gemüsebrühe

Für 5 Portionen

250 g Lauch
350 g Möhren
1 Fenchelknolle
250 g Knollensellerie
1 Petersilienwurzel
1 Zwiebel
2 Knoblauchzehen
1 Bund Petersilie
3 Zweige frischer oder
1 TL getrockneter Thymian
1 Lorbeerblatt
1 TL weiße Pfefferkörner
2 Wacholderbeeren
Salz

60 Minuten

1 Gemüse waschen und putzen. Die Fenchelknolle halbieren und den Strunk herausschneiden. Sellerie und Petersilienwurzel schälen. Alles fein zerkleinern.

2 Die Zwiebel und den Knoblauch abziehen und fein hacken. Petersilie und frischen Thymian waschen, mit dem Lorbeerblatt zusammenbinden.

3 Alle Zutaten mit 1 1/4 Liter Wasser zum Kochen bringen und zugedeckt bei schwacher Hitze 30 Minuten garen.

4 Die Brühe abseihen, dabei den Siebinhalt mit einem Löffel ausdrücken und entfernen. Die Brühe abschmecken.

Schnell zubereitet

Schinkenklößchen

Für 4 Portionen
50 g gekochter Schinken
2 Eier
2 Brötchen
2 EL Butter
Salz
etwas Thymian
Außerdem:
1 l Fleischbrühe, Rezept Seite 12

20 Minuten

1 Den Schinken in ganz kleine Würfel schneiden. Die Eier trennen.

2 Die Brötchen in etwas Wasser einweichen. Sobald sie weich geworden sind, gut ausdrücken und zur Seite stellen.

3 Die Butter in einer Schüssel schaumig rühren. Brotmasse, Eigelbe und Schinkenwürfel unterheben. Mit Salz und Thymian würzen. Eiweiß zu Eischnee steif schlagen und unter die Brotmasse ziehen.

4 Die Brühe zum Kochen bringen. Mit feuchten Händen Klößchen aus der Masse formen, in die Brühe legen, kurz aufkochen, die Hitze reduzieren und die Klößchen in etwa 5 Minuten gar ziehen lassen.

Die Schinkenklößchen schmecken herzhafter und kräftiger, wenn sie mit Rauchfleisch oder rohem Schinken zubereitet werden.

Je nach Geschmacksvorliebe kann man die Klößchen in Gemüsebrühe, Fleischbrühe oder gar in feinen Cremesuppen servieren. Gekocht werden sie allerdings meist in Salzwasser, damit ihr Geschmack unverfälscht rein bleibt.

Fruchtig

Tomatenklößchen

Für 4 Portionen

- 125 g Tomaten
- 1 kleine Zwiebel
- 15 g Butter
- Salz
- Semmelbrösel

25 Minuten

1 Die Tomaten mit kochendem Wasser überbrühen und die Haut abziehen. Das Fruchtfleisch durch ein Sieb streichen.

2 Die Zwiebel abziehen und fein reiben. Die Butter erhitzen und das Zwiebelmus darin andünsten.

3 Salzwasser zum Kochen bringen.

4 Tomaten- und Zwiebelmus mit so viel Semmelbrösel vermischen, dass ein geschmeidiger Teig entsteht.

5 Mit feuchten Händen Klößchen formen, in das Wasser legen, kurz aufkochen, die Hitze reduzieren und in 5 Minuten gar ziehen lassen. Mit einem Schaumlöffel herausheben.

Kernig

Mandelklößchen

Für 4 Portionen

- 15 g süße Mandeln
- 15 g Mehl
- 2–3 EL Milch
- Salz
- 1 Ei

20 Minuten

1 Mandeln abziehen, fein reiben.

2 Mehl und Milch in einem kleinen Topf verrühren und erwärmen. Die Mandeln untermischen und die Masse leicht auskühlen lassen.

3 Salzwasser zum Kochen bringen.

4 Das Ei trennen. Eiweiß zu Eischnee steif schlagen. Das Eigelb unter die Mandelmasse rühren und den Eischnee darunter ziehen.

5 Mit einem Teelöffel kleine Klößchen aus der Masse formen und in das Wasser legen. Kurz aufkochen, die Hitze reduzieren und die Klößchen in 2 Minuten gar ziehen lassen. Mit dem Schaumlöffel herausheben.

Tipp der Köchin

Mandelklößchen kann man sehr vielfältig als Suppeneinlage verwenden. Besonders gut schmecken sie in einer cremigen Tomatensuppe.

Aus frischen Tomaten schmeckt eine Tomatensuppe am besten. Zusammen mit den zarten Mandelklößchen ist diese Vorspeise ein Gedicht.

Als Mark bezeichnet man das ausgelöste Rückenmark von ausgewachsenen männlichen Rindern. Das Ochsenmark sollte man frisch vom Metzger seines Vertrauens holen, es darf nämlich keine Knochensplitter enthalten. Um ganz sicher zu gehen, wird das Mark bei der Zubereitung noch durch ein Sieb gestrichen.

Raffiniert

Markklößchen

Für 4 Portionen
40 g ausgelöstes Rindermark
1 Ei
Salz
45 g Semmelbrösel
1 Messerspitze Backpulver

45 Minuten

1 Das Mark unter fließendem kaltem Wasser waschen. In einer kleinen Pfanne unter Rühren zerlassen, durch ein Sieb streichen und in den Kühlschrank stellen.

2 Das abgekühlte Mark geschmeidig rühren. Ei, Salz, Semmelbrösel und Backpulver unterrühren. Die Masse 30 Minuten ruhen lassen.

3 Salzwasser zum Kochen bringen.

4 Mit feuchten Händen Klößchen aus der Masse formen und in das Wasser legen. Kurz aufkochen, die Hitze reduzieren und die Klößchen in etwa 3 Minuten gar ziehen lassen. Mit dem Schaumlöffel herausheben.

Muskatnuss sollte nur sparsam verwendet werden, damit sie den Eigengeschmack der Speisen nicht überdeckt.

Vielseitig verwendbar

Grießklößchen

Für 4 Portionen
1/8 l Milch
1 gehäufter TL Butter
Salz
frisch geriebene Muskatnuss
50 g Grieß
1 Ei

20 Minuten

1 Die Milch mit Butter, Salz und Muskatnuss aufkochen. Den Topf von der Kochstelle nehmen und den Grieß unter Rühren einstreuen. Alles zu einer glatten Masse rühren und für 1 Minute nochmals erhitzen. In eine Schüssel geben, ausquellen und auskühlen lassen. Das Ei unterrühren.

2 Salzwasser zum Kochen bringen.

3 Mit zwei Teelöffeln Klößchen aus der Masse formen und in das kochende Wasser geben. Kurz aufkochen, die Hitze reduzieren und die Klößchen in etwa 5 Minuten gar ziehen lassen. Herausheben.

Tipp der Köchin

Sie können die Grießklößchen nicht nur als Suppeneinlage verwenden. In gebräunter Butter geschwenkt, passen sie gut auf Salatplatten, zu Spinat oder Gemüse in Rahmsauce. Selbst zu Kompott schmecken sie vorzüglich.

Etwas aufwändig

Fränkische Leberknödel

Für 4 Portionen
1 Semmel (Brötchen)
250 g Schweine- oder Rinderleber
1 TL Butter
1–2 EL zarte Haferflocken
1 Ei
Salz, Pfeffer, Majoran
Außerdem:
1 l Fleischbrühe, Rezept Seite 12

30 Minuten

1 Die Semmel in etwas Wasser einweichen. Sobald sie weich ist, ausdrücken. Zusammen mit der Leber durch den Fleischwolf drehen.

2 Die Butter zerlassen und in eine Schüssel geben. Haferflocken und Ei unterrühren. Würzen.

3 Fleischbrühe zum Kochen bringen.

4 Die Lebermasse und die Haferflockenmischung zu einem homogenen Teig vermengen.

5 Mit zwei Teelöffeln Knödel aus dem Teig formen und in die kochende Fleischbrühe geben. Kurz aufkochen, die Hitze reduzieren, die Knödel in etwa 3 Minuten gar ziehen lassen.

Die zarte Konsistenz der Leberknödel kommt in einer schmackhaften Fleischbrühe bestens zur Geltung.

Kleine Klößchen als Suppeneinlage sollten im Durchmesser nicht größer als 3 Zentimeter sein.

Parmesan ist der berühmteste Hartkäse Italiens. In seinem Erzeugerland werden feine Unterschiede bezüglich seiner Herkunft gemacht. Ob es sich jedoch um Parmigiano-Reggiano, Grana padano oder Grana trentino handelt – allen gemeinsam ist ihr würziger Geschmack, der selbst beim Kochen bestens zur Geltung kommt.

Gelingt leicht

Quarkklößchen

Für 4 Portionen

- 250 g Speisequark
- 1 Ei
- 2 EL Mehl
- 1 EL Semmelbrösel
- 2 EL geriebener Parmesan
- Salz
- frisch gemahlener Pfeffer
- frisch geriebene Muskatnuss
- gerebelter Majoran

20 Minuten

1 Den Quark abtropfen lassen und mit einem Schneebesen verrühren.

2 Das Ei unterrühren. Das Mehl darüber sieben. Die Semmelbrösel und den Parmesan einrühren. Mit Salz, Pfeffer, Muskatnuss und Majoran würzen.

3 Salzwasser zum Kochen bringen.

4 Mit zwei Teelöffeln aus der Masse Klößchen formen und in das Wasser legen. Kurz aufkochen, die Hitze reduzieren und die Klößchen in 7 bis 10 Minuten gar ziehen lassen. Mit einem Schaumlöffel herausheben.

Tipp der Köchin

Die feinen, zarten Quarkklößchen schmecken sehr gut als Einlage in klarer Fleischbrühe.

Würzig

Parmesanklößchen

Für 4 Portionen

- 1 Zwiebel
- 1 Knoblauchzehe
- Küchenkräuter (z. B. Petersilie und Thymian)
- 100 g geriebener Parmesan
- 2 Eier
- Semmelbrösel
- etwa 125 g Sahne
- Salz
- frisch gemahlener Pfeffer

20 Minuten

1 Die Zwiebel und den Knoblauch abziehen und ganz fein hacken. Die Kräuter waschen, trockenschleudern und fein hacken. Diese vorbereiteten Zutaten in eine Schüssel geben.

2 Den Parmesan und die Eier in die Schüssel geben und alles gut miteinander verrühren. So viel Semmelbrösel und Sahne unter die Mischung rühren, dass ein geschmeidiger Teig entsteht. Mit Salz und Pfeffer würzen.

3 Salzwasser zum Kochen bringen.

4 Mit feuchten Händen kleine Klöße aus der Masse formen und in das kochende Wasser geben. Kurz aufkochen, die Hitze reduzieren und die Klößchen in etwa 10 Minuten gar ziehen lassen. Mit einem Schaumlöffel herausheben und z. B. in Fleischbrühe servieren.

Die Parmesanklößchen sollen schön locker sein. Falls sie zu fest geraten, kann man dem Teig noch etwas geschlagenes Eiweiß unterziehen.

Die zarten Schwammklöße eignen sich bestens als Einlage für Erbsensuppe.

Etwas aufwändig

Schwammklöße

Für 4 Portionen
2 Eier
65 g Mehl, 1/8 l Milch
30 g Butter
Außerdem:
Salzwasser oder Fleischbrühe

35 Minuten

1 Die Eier trennen. Das Mehl mit der Milch und etwa 1/2 Eiweiß verrühren. Die Hälfte der Butter in einem Topf zerlassen.

2 Die Mehlmischung auf einmal in die Butter geben. Unter Rühren erhitzen, bis sich die Masse vom Topfboden löst. Etwas abkühlen lassen.

3 Salzwasser oder Fleischbrühe zum Kochen bringen.

4 Die restliche Butter geschmeidig rühren, die Eigelbe untermischen. Unter die Kloßmasse heben. Restliches Eiweiß steif schlagen und unterheben.

5 Mit zwei Esslöffeln Klöße aus der Masse abstechen und in die siedende Flüssigkeit geben, kurz aufkochen, die Hitze reduzieren und die Klöße zugedeckt in etwa 10 Minuten gar ziehen lassen.

Mit einem würzigen Käse, z.B. Emmentaler oder Bergkäse, schmecken die Käsenockerln am besten.

Deftig

Allgäuer Käsenockerln

Für 4 Portionen
1/8 l Milch
30 g Butter
Salz
60 g Mehl
1 Ei
50 g geriebener Hartkäse, z. B. Emmentaler oder Bergkäse
Außerdem:
Salzwasser oder Fleischbrühe

25 Minuten

1 Die Milch mit der Butter und etwas Salz in einem Topf zum Kochen bringen. Den Topf von der Kochstelle nehmen.

2 Sofort das Mehl auf einmal in die kochende Milch schütten, dabei ständig rühren, bis ein glatter Kloß entstanden ist. Die Masse erneut 1 Minute unter Rühren erhitzen, von der Kochstelle ziehen und die Masse leicht abkühlen lassen.

3 Salzwasser oder Fleischbrühe in einem entsprechend großen Topf zum Kochen bringen.

4 Das Ei und den Käse unter die Kloßmasse rühren. Mit feuchten Händen Klößchen aus der Masse formen, in die siedende Flüssigkeit gleiten lassen, kurz aufkochen, die Hitze reduzieren und die Klößchen in etwa 5 Minuten gar ziehen lassen. Mit dem Schaumlöffel herausheben.

Gelingt leicht

Semmelklößchen

Für 4 Portionen

1 EL Butter

1 Ei

Salz

50 g Semmelbrösel

1 Messerspitze Backpulver

45 Minuten

1 Die Butter verrühren. Nacheinander Ei, Salz, Semmelbrösel und Backpulver einrühren. Alles zu einer geschmeidigen Masse verarbeiten. Etwa 30 Minuten ruhen lassen.

2 Salzwasser in einem großen Topf zum Kochen bringen.

3 Mit feuchten Händen Klößchen formen und in das kochende Wasser geben. Kurz aufkochen, die Hitze reduzieren und die Klößchen in etwa 4 Minuten gar ziehen lassen.

Tipp der Köchin

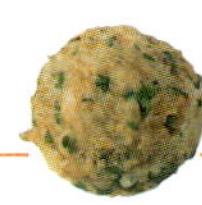

Semmelklößchen sind ideal in einer klaren Brühe aus Rindfleischknochen und Beinscheibe. Streuen Sie vor dem Servieren noch etwas gehackte Petersilie darüber.

Die zarten Semmelklößchen schmecken am besten in einer würzigen Fleisch- oder Gemüsebrühe.

Raffiniert

Klößchen vom Kabeljau in Garnelensauce

Solch eine delikate Zubereitung erfordert etwas Fingerspitzengefühl. Vor allem ist es wichtig, dass die Zutaten gekühlt sind, damit das Gericht auch gut gelingt. Um sicherzustellen, dass sich keine Grätenreste in der Masse befinden, empfiehlt es sich, die aus dem Fleischwolf kommende Fischmasse noch durch ein ganz feinmaschiges Sieb zu streichen.

Für 4 Portionen

500 g Kabeljaufilet
125 g Butter
2 Eier
7 EL Mehl
500 g kalte Sahne
Salz, frisch gemahlener Pfeffer

Garnelensauce:

1/2 l Fischfond
2 EL Mehl
4 EL Milch
Salz, frisch gemahlener Pfeffer
Zucker
Zitronensaft
1 Eigelb
2 EL Crème fraîche
150 g Erbsen
125 g Garnelen

50 Minuten

1 Fisch abspülen, abtropfen lassen und durch den Fleischwolf drehen.

2 Butter zerlassen und von der Kochstelle nehmen. Die Eier trennen. Die Eigelbe mit dem Mehl verquirlen. Eiweiß zu Eischnee steif schlagen. Die Sahne steif schlagen.

3 Die Fischmasse mit der Butter vermengen. Die Eigelbmischung unterrühren. Die Sahne nach und nach unterarbeiten. Salzen und pfeffern. Den Eischnee unterheben.

4 Salzwasser aufkochen. Mit zwei Esslöffeln Klößchen aus der Masse formen, einlegen. Aufkochen, die Hitze reduzieren und die Klößchen in etwa 15 Minuten gar ziehen lassen.

5 In der Zwischenzeit für die Sauce den Fond aufkochen. Mehl und Milch verrühren und den Fond damit binden. Mit Salz, Pfeffer, Zucker und Zitronensaft würzen. Eigelb und Crème fraîche miteinander verrühren und in die Sauce rühren, um sie zu legieren. Die Sauce darf jetzt nicht mehr kochen. Erbsen, Garnelen und Fischklöße einlegen.

Kabeljauklößchen zubereiten

1 Das Fischfilet durch die feine Scheibe des Fleischwolfs drehen. Sofort wieder kalt stellen.

2 Eine Schüssel auf Eis setzen. Die Fischmasse darin schnell mit allen Kloßzutaten mischen.

3 Mit zwei kalt angefeuchteten Esslöffeln etwas Masse abstechen und zu kleinen Klößchen formen.

Die zarten Klößchen vom Kabeljau in Garnelensauce sind eine delikate Vorspeise bei besonderen Anlässen.

Klößchen auf italienisch

Gnocchi – das sind die zarten kleinen Gegenspieler zu den typisch deutschen Klößen und Knödeln. Auch wenn Gnocchi ursprünglich aus gegarten Kartoffeln hergestellt werden, sind die Kreationen aus Grieß, Gemüse und Käse nicht zu verachten. Häufig genügt es schon, die fertigen Gnocchi in etwas Butter, am besten noch mit frischen Salbeiblättchen, zu schwenken. Zu richtigen Sattmachern werden die Klößchen mit würzigem Käse überbacken oder mit einer cremigen Gorgonzolasauce. Hierfür zeichnet sich dann das typische Gnocchimuster aus: Die Rillen sorgen dafür, dass man die köstliche Sauce besonders gut aufnehmen kann.

Tipps der Köchin

Die Verarbeitung des Gnocchiteigs sollte rasch erfolgen, damit er nicht zu klebrig und weich wird. Gnocchi sollte man immer frisch, also sofort verzehren, dann schmecken sie am besten. Die Saucen sollten vor den Gnocchi zubereitet werden.

Unter ihrem heimatlichen Namen »Gnocchi« haben die italienischen Kartoffelklößchen hierzulande schon längst die Herzen der Gourmets erobert. Ihre sämig-zarte Struktur kommt bestens zu Geltung, wenn man sie mit einer pikanten Käsesauce zubereitet. Damit sie nicht zu sehr austrocknen, beträufelt man sie während des Backens immer wieder mit zerlassener Butter.

Grundrezept

Gnocchi

Für 4–6 Portionen

1 kg mehlig kochende Kartoffeln
200 g Mehl
Salz

120 Minuten

1 Den Backofen auf 180 °C (Umluft 160 °C, Gas Stufe 2–3) vorheizen. Die Kartoffeln gründlich waschen, mit einer Gabel einstechen und 60 Minuten im Backofen weich backen (alternativ können die ungeschälten Kartoffeln in Wasser weich gekocht werden). Etwas abkühlen lassen und durch eine Kartoffelpresse drücken.

2 3/4 des Mehls mit den Händen unterkneten, danach auf einer bemehlten Arbeitsfläche das restliche Mehl unterkneten. Der Teig darf nicht kleben. Etwa 1/5 des Teigs zu einer langen, fingerdicken Wurst ausrollen und diese in Stücke von 2 Zentimeter Länge zerteilen.

3 Um das typische Gnocchimuster zu bekommen, nun mit dem Gabelrücken über die einzelnen Gnocchi rollen, so dass sich eine nach innen gerollte Muschel bildet. Diese Rillen nehmen später die Sauce besser auf.

4 Reichlich Salzwasser zum Kochen bringen und die Gnocchi darin portionsweise gar ziehen lassen. Wenn sie an die Oberfläche steigen, mit einem Schaumlöffel herausheben.

Klassiker

Überbackene Gnocchi

Für 4 Portionen

Gnocchi:
1 kg mehlig kochende Kartoffeln
200 g Mehl
3 Eigelbe
Salz, frisch gemahlener Pfeffer
gerebelter Majoran

Käsesauce:
150 g Crème fraîche
4 EL geriebener Appenzeller Käse
Salz, edelsüßes Paprikapulver
zerlassene Butter

75 Minuten

1 Kartoffeln schälen, stückeln und weich kochen. Noch heiß durch eine Kartoffelpresse geben. Mehl und Eigelbe einrühren und würzen.

2 Salzwasser zum Kochen bringen.

3 Aus dem Teig walnussgroße Klößchen formen, in das Wasser geben, kurz aufkochen, die Hitze reduzieren und die Gnocchi in etwa 10 Minuten gar ziehen lassen. Herausheben und abtropfen lassen.

4 Backofen auf 200 °C (Umluft 180 °C, Gas Stufe 3–4) vorheizen. Die Gnocchi in eine flache feuerfeste Form geben. Crème fraîche und Käse verrühren, mit Salz und Paprika würzen und über die Gnocchi geben. Etwa 20 Minuten überbacken. Dabei immer wieder mit zerlassener Butter beträufeln.

Raffiniert

Polentagnocchi

Für 4 Portionen
- 1/8 l Milch
- Salz
- 125 g Polenta (Maisgrieß)
- 2 EL geriebener italienischer Hartkäse, z. B. Parmesan
- 1 TL Butter
- 1 EL Butterschmalz
- 60 g Semmelbrösel

45 Minuten

1 Milch, 3/8 Liter Wasser und Salz in einem großen Topf aufkochen.

2 Die Polenta unter Rühren einrieseln lassen, zum Kochen bringen und unter ständigem Rühren ausquellen lassen; das dauert etwa 20 Minuten.

3 Käse und Butter verrühren und unter die Masse mischen.

4 Schmalz zerlassen, Semmelbrösel darin bräunen. Mit einem Esslöffel Klöße von der Masse abstechen und in den Semmelbröseln wenden.

5 Salzwasser zum Kochen bringen. Die Gnocchi einlegen, Hitze reduzieren und die Gnocchi in 20 Minuten gar ziehen lassen.

Polentagnocchi sind feine Maisklöße, die mit einer würzigen Kräutersauce besonders delikat schmecken.

Für Vegetarier

Gnocchi mit Gemüse

Die Gnocchi mit Gemüse können auch mit beliebigen anderen Gemüsesorten zubereitet werden, z. B. mit Lauch, Möhren und/oder Erbsen.

Für 4 Portionen
300 ml Gemüsebrühe
100 g Maisgrieß
1 Knoblauchzehe
1/2 Bund Schnittlauch
1 Zucchino
1 Aubergine
2 Tomaten
1 gelbe Paprikaschote
1 Zwiebel
1 EL Butter
Salz
50 g geriebener Parmesan
frisch gemahlener Pfeffer

60 Minuten

Kaufen Sie möglichst kleine Zucchini, diese schmecken wesentlich zarter und aromatischer als große.

1 250 Milliliter Gemüsebrühe aufkochen lassen und den Maisgrieß unter Rühren einrieseln lassen. Den Knoblauch abziehen und durch eine Presse dazudrücken. 5 Minuten quellen lassen. Den Schnittlauch waschen, in Röllchen schneiden und dazugeben.

2 Das Gemüse waschen und putzen. Den Zucchino und die Aubergine längs halbieren und in Scheiben schneiden. Die Tomaten in Scheiben und die Paprika in Streifen schneiden. Die Zwiebel abziehen und in Ringe schneiden. Das Gemüse und die Zwiebel mit der Butter und der restlichen Gemüsebrühe in etwa 15 Minuten weich dünsten.

3 Reichlich Salzwasser zum Kochen bringen. Aus dem Maisbrei mit angefeuchteten Händen kleine Kugeln formen und in dem schwach siedenden Wasser etwa 12 Minuten gar ziehen lassen. Den Backofen auf 180 °C (Umluft 160 °C, Gas Stufe 2–3) vorheizen. Die Gnocchi herausheben und abtropfen lassen.

4 Das Gemüse mit der Brühe in eine Auflaufform schichten und die Gnocchi darauf legen. Mit dem geriebenen Parmesan bestreuen, mit frisch gemahlenem Pfeffer würzen und das Ganze ein paar Minuten im heißen Ofen überbacken. Sofort heiß servieren.

Gelingt leicht

Pastinakengnocchi

Für 4 Portionen
Gnocchi:
500 g Pastinaken
Salz
180 g Mehl
50 g geriebener Parmesan
frisch gemahlener Pfeffer
Knoblauch-Kräuter-Butter:
2 Knoblauchzehen
3 Zweige Zitronenthymian
1/2 unbehandelte Limette
100 g Butter

70 Minuten

1 Die Pastinaken schälen und in größere Stücke schneiden. In kochendem Salzwasser in 15 bis 20 Minuten weich kochen; in einem Sieb abtropfen und etwas abkühlen lassen.

2 Die Pastinaken mit einer Gabel zerdrücken. Das Mehl darüber sieben, die Hälfte des Parmesans, Salz und Pfeffer zugeben und alles zu einem glatten Teig verarbeiten. Den Teig halbieren und auf einer bemehlten Arbeitsfläche zu fingerdicken Würsten ausrollen. Diese in kleine Stücke teilen und mit den Fingern zu ovalen Gnocchi formen. Mit einer Gabel über die einzelnen Gnocchi rollen.

3 Reichlich Salzwasser zum Kochen bringen. Die Gnocchi portionsweise 2 Minuten gar ziehen lassen, bis sie an der Oberfläche schwimmen. Mit einem Schaumlöffel herausheben, abtropfen lassen und warm halten.

4 Für die Knoblauch-Kräuter-Butter den Knoblauch abziehen und durch eine Presse drücken. Den Thymian waschen, die Blättchen abzupfen und fein hacken. Die Limette abwaschen und etwa 1 Esslöffel der Schale abreiben.

5 Die Butter mit dem Knoblauch, dem Thymian und der Limettenschale erwärmen. Die Gnocchi auf Teller verteilen und die heiße Knoblauch-Kräuter-Butter darüber gießen. Mit dem restlichen Parmesan bestreuen.

Raffiniert

Pilzgnocchi

Für 4 Portionen

500 g altbackenes Weißbrot
250 ml Milch
300 g Champignons
1 Zwiebel
1 Bund Petersilie
1 Bund Schnittlauch
50 g Butter
3 Eier, Salz
1 EL Mehl (bei Bedarf)
20 g zerlassene Butter
40 g Parmesan
frisch gemahlener Pfeffer

70 Minuten

1 Das Brot in Scheiben schneiden. Die Milch erwärmen und das Brot darin einweichen. Die Champignons putzen und klein schneiden.

2 Die Zwiebel abziehen. Kräuter waschen und klein schneiden. Die Butter erhitzen und die Zwiebel darin andünsten. Die Pilze zugeben und bei starker Hitze dünsten. Die Pilze mit dem ausgedrückten Brot, Eiern und Kräutern zu einem Teig verkneten. Etwa 10 Minuten ruhen lassen.

3 Salzwasser zum Kochen bringen. Eventuell etwas Mehl unter den Teig arbeiten, mit zwei Löffeln Gnocchi formen und 15 Minuten gar ziehen lassen. Auf Teller verteilen und mit der zerlassenen Butter und dem geriebenen Parmesan servieren. Mit Pfeffer würzen.

Zum Putzen von Champignons reicht es aus, diese mit einem trockenen Tuch vorsichtig abzuwischen.

Statt mit Champignons können die Pilzgnocchi auch mit Austernpilzen oder Steinpilzen zubereitet werden.

Raffiniert

Möhrengnocchi mit Feta

Tipp der Köchin

Dieser Gnocchiteig ist nicht ganz so fest wie andere Gnocchiteige. Damit er nicht so klebt, sollten sie ihn auf einer bemehlten Arbeitsfläche und mit bemehlten Händen verarbeiten.

Für 4 Portionen

Gnocchi:
1 kg Möhren, Salz
200 g Feta
280 g Mehl
frisch gemahlener Pfeffer
frisch geriebene Muskatnuss
1 Ei

Sauce:
2 Knoblauchzehen
2 Frühlingszwiebeln
1–2 Zweige Minze
30 g Butter
250 g Sahne

75 Minuten

Bei Bundmöhren sollte man das Grün am besten abschneiden. So bleiben die Möhren schön knackig.

1 Für die Gnocchi die Möhren schälen und in größere Stücke schneiden. In Salzwasser etwa 10 Minuten weich kochen, in ein Sieb abgießen und abkühlen lassen.

2 Die Möhren pürieren. Den Feta zerbröckeln und mitpürieren, bis eine glatte Masse entsteht. Diese in eine Schüssel geben und mit dem gesiebten Mehl, Salz, Pfeffer, Muskatnuss und dem Ei zu einem weichen Teig kneten. Mit einem Teelöffel runde Teigstücke abstechen und mit bemehlten Händen etwas flach drücken.

3 Den Knoblauch abziehen und hacken. Die Frühlingszwiebeln waschen, putzen und in Ringe schneiden. Die Minze waschen und die Blättchen fein hacken. Die Butter in einem Topf zerlassen, den Knoblauch und die Zwiebel darin bei mittlerer Hitze etwa 3 Minuten dünsten. Die Sahne zugießen, aufkochen und bei niedriger Hitze etwa 3 Minuten leicht kochen lassen, bis die Sahne etwas eingedickt ist. Den Topf vom Herd nehmen und die Minze unterrühren.

4 Reichlich Salzwasser zum Kochen bringen und die Gnocchi darin 2 Minuten gar ziehen lassen. Mit der Sauce servieren.

Für Gäste

Gnocchi alla romana

Für 4 Portionen
750 ml Milch
frisch geriebene Muskatnuss
Salz, frisch gemahlener Pfeffer
90 g Semolina-Weizengrieß
1 Ei, 150 g geriebener Parmesan
60 g zerlassene Butter
80 g Mozzarella
120 g Sahne

60 Minuten
60 Minuten Kühlzeit

1 Die Milch mit 1 Messerspitze Muskatnuss und etwas Salz und Pfeffer aufkochen lassen. Bei niedriger Hitze langsam unter Rühren den Grieß einrieseln lassen. 5 bis 10 Minuten bei mehrmaligem Rühren leise kochen lassen, bis die Masse fest ist und sich vom Topfboden löst.

2 Den Topf vom Herd nehmen und das Ei und 100 Gramm Parmesan unterrühren. Die Masse fingerdick auf ein Backblech streichen, mit Folie abdecken und 1 Stunde im Kühlschrank ruhen lassen.

3 Den Backofen auf 160 °C (Umluft 150 °C, Gas Stufe 1–2) vorheizen.

4 Eine Pieform mit der flüssigen Butter ausstreichen. Mit einem Teigausstecher Kreise von etwa 4 Zentimeter Durchmesser aus dem Teig ausstechen und dachziegelartig in einer Lage in die Pieform schichten.

5 Den Mozzarella in feine Scheiben schneiden und die Grießstücke damit belegen. Die Sahne darüber gießen, den restlichen Parmesan darüber streuen und das Ganze im heißen Ofen 20 bis 25 Minuten backen, bis die Gnocchi alla romana eine goldbraune Kruste haben. Dazu am besten einen knackigen Salat und einen trockenen Rotwein servieren.

Einige Köche wollen dieses traditionelle Gericht bis in die Zeiten des Römischen Imperiums zurückdatieren.

Klassiker

Kartoffelgnocchi in Basilikum-Tomaten-Sauce

Für 4 Portionen

Gnocchi:
- 1 kg mehlig kochende Kartoffeln
- Salz
- 30 g Butter
- 250 g Mehl
- 2 Eier
- 30 g geriebener Parmesan

Tomatensauce:
- 1 Zwiebel
- 2 Möhren
- 1 Stange Staudensellerie
- 1 EL Butter
- 1 Dose geschälte Tomaten (850 g)
- 1 TL Zucker
- Salz, frisch gemahlener Pfeffer
- 1/2 Bund Basilikum

Die Kartoffelgnocchi schmecken auch vorzüglich mit einer einfachen Gorgonzolasauce (Rezept Seite 34).

120 Minuten

1 Für die Gnocchi die Kartoffeln schälen, in größere Stücke schneiden und in kochendem Salzwasser in etwa 15 Minuten weich kochen. In einem Sieb abtropfen lassen und mit der Kartoffelpresse zu Mus verarbeiten. Mit einem Löffel die Butter und das Mehl einarbeiten, danach die Eier unterrühren. Die Masse gut abkühlen lassen.

2 Für die Tomatensauce die Zwiebel abziehen und hacken. Die Möhren schälen und in kleine Würfel schneiden. Den Sellerie waschen, putzen und in kleine Stücke schneiden. Die Butter erhitzen und die Zwiebel, den Sellerie und die Möhren bei mittlerer Hitze 5 Minuten andünsten. Die Tomaten mit Saft und dem Zucker zugeben und die Sauce mit Salz und Pfeffer abschmecken. Die Sauce bei kleiner Hitze 20 Minuten leise kochen lassen.

3 Den Gnocchiteig auf einer bemehlten Arbeitsfläche halbieren. Jede Hälfte zu einer langen dünnen Wurst ausrollen und in kleine Stücke teilen. Zu Kugeln formen und mit einer Gabel etwas flach drücken.

4 Reichlich Salzwasser zum Kochen bringen und die Gnocchi darin portionsweise etwa 2 Minuten gar ziehen lassen. Mit einem Schaumlöffel herausnehmen und warm halten.

5 Die Tomatensauce pürieren. Das Basilikum waschen, die Blättchen abzupfen und hacken. Das Basilikum unter die Sauce rühren und diese nochmals mit Salz und Pfeffer abschmecken. Die Gnocchi auf Teller verteilen und mit der Basilikum-Tomaten-Sauce und frisch geriebenem Parmesan servieren.

Die Kartoffelgnocchi in Basilikum-Tomaten-Sauce schmecken so richtig nach Urlaub im Süden.

Tipp der Köchin

Am besten eignen sich für Gnocchi etwas ältere, mehlig kochende Kartoffeln. Die Gnocchi werden damit zart und leicht. Kartoffeln, die viel Feuchtigkeit enthalten, saugen mehr Mehl auf, und die Gnocchi werden dadurch schnell gummiartig.

Tipps der Köchin

Der Kürbis sollte nicht gekocht, sondern gebacken oder gedämpft und mit einer Gabel oder einem Stampfer zerdrückt werden. Nicht in der Küchenmaschine pürieren. Mit der Eiermenge sollte man vorsichtig sein. Eier machen den Teig zwar etwas geschmeidiger, doch er wird dadurch auch feuchter. Gleicht man diese Feuchtigkeit durch Mehl aus, wird der Teig schnell zu zäh.

Kürbis kann im Kühlschrank ein paar Tage aufbewahrt werden, am besten in einen Kunststoffbeutel verpackt.

Raffiniert

Kürbisgnocchi mit Salbeibutter

Für 4 Portionen
100 g flüssige Butter
500 g Kürbis
180 g Mehl
50 g geriebener Parmesan
1 Ei
frisch gemahlener Pfeffer, Salz
2 Zweige Salbei

50 Minuten
75 Minuten Garzeit

1 Den Backofen auf 180 °C (Umluft 160 °C, Gas Stufe 2–3) vorheizen. Ein Backblech mit etwas flüssiger Butter bestreichen.

2 Den Kürbis in größere Stücke zerteilen und in der Schale etwa 75 Minuten im heißen Ofen backen. Etwas abkühlen lassen und das weiche Fleisch mit einem Löffel herausschaben.

3 Die Kürbismasse in eine Schüssel geben, das Mehl darüber sieben, die Hälfte des Parmesans, das Ei und etwas Pfeffer untermengen. Den Teig gut durchkneten und halbieren. Jede Hälfte mit bemehlten Händen zu 30 bis 40 Zentimeter langen Würsten ausrollen und in 16 Stücke teilen.

4 Die Gnocchi oval formen und über einen Gabelrücken rollen. Reichlich Salzwasser zum Kochen bringen und die Gnocchi darin etwa 2 Minuten gar ziehen lassen. Warm stellen.

5 Den Salbei waschen und die Blättchen klein schneiden. Den Salbei in die flüssige Butter einrühren. Die Gnocchi mit der Salbeibutter begießen und mit dem restlichen Parmesan bestreut servieren.

Italienischer Genuss

Spinatgnocchi mit Gorgonzola

Für 4 Portionen
600 g Blattspinat, tiefgekühlt
3 Zwiebeln
2 EL Butter
100 g Paniermehl, 2 Eier
50 g geriebener Parmesan
Salz, frisch gemahlener Pfeffer
frisch geriebene Muskatnuss
1 Zweig Salbei
150 g Gorgonzola

60 Minuten
30 Minuten Kühlzeit

1 Den Spinat auftauen lassen. 2 Zwiebeln abziehen und hacken. 1 Esslöffel Butter in einer großen Pfanne erhitzen und die Zwiebeln darin andünsten. Den Blattspinat, das Paniermehl, die Eier, den Parmesan, Salz, Pfeffer und Muskatnuss dazugeben. Alles gut durchmischen und etwa 30 Minuten im Kühlschrank ruhen lassen.

2 Reichlich Salzwasser zum Kochen bringen. Von der Spinatmasse mit einem angefeuchteten Teelöffel Gnocchi abstechen und im Salzwasser 10 bis 15 Minuten gar ziehen lassen, bis sie an der Oberfläche schwimmen. Mit einem Schaumlöffel herausnehmen, gut abtropfen lassen und warm stellen.

3 Die restliche Zwiebel abziehen und hacken. Den Salbei waschen, trocknen und die Blättchen klein schneiden. Die restliche Butter erhitzen und die Zwiebel und den Salbei darin leicht anrösten. Den Gorgonzola in kleinen Stücken hineingeben und bei kleinster Hitze unter ständigem Rühren schmelzen lassen.

4 Die Gnocchi dazugeben und in der Sauce nochmals heiß werden lassen. Oder die Gnocchi auf Teller verteilen und die Sauce extra dazu reichen.

Die Spinatgnocchi mit Gorgonzola lassen sich gut vorbereiten und sind auch für größere Runden geeignet.

Groß und rund

So kennt man die Klöße landauf, landab. Kreisrunde Gebilde – etwa in der Größe eines Tennisballs –, mal größer, mal etwas kleiner. Meist werden sie als satt machende Beilage zu deftigen Fleischgerichten aufgetragen, doch mit ihrem hohen Energiewert kann man sie auch getrost nur zu Gemüse servieren. Ihr weiches, lockeres Gefüge verlangt dabei nach viel Sauce, die sie dann auch bestens aufsaugen. Diese Rezeptesammlung zeigt einen kulinarischen Streifzug durch Mitteleuropa und beweist, dass die schlichten Klöße bestens geeignet sind, herzhaft-würzige Gerichte zu begleiten oder als ernst zu nehmende Solisten aufzutreten.

Deftig

Gefüllte Klöße mit Speckrahmsauce

Feinwürziges Sauerkraut ist die beste Begleitung für diese herzhaft gefüllten Klöße. Mit seiner angenehmen Frische passt es auch bestens zur Speckrahmsauce.

Für 4 Portionen

Kartoffelmasse:
1,75 kg mehlig kochende Kartoffeln
2 Eier
125 g Mehl
Salz, frisch geriebene Muskatnuss

Fleischfüllung:
1 Brötchen
200 g Porree
150 g gemischtes Hackfleisch
150 g Bauernleberwurst
1 Ei
Salz, frisch gemahlener Pfeffer

Speckrahmsauce:
2 Zwiebeln
150 g Speck
2 Stängel Petersilie
150 g Crème fraîche
Salz, frisch gemahlener Pfeffer

90 Minuten

Für Klöße verwenden Sie am besten mehlig kochende Kartoffeln. Die darin enthaltene Stärke sorgt für gutes Gelingen.

1 Die Kartoffeln waschen. 750 Gramm mit der Schale weich kochen, pellen und noch heiß durch eine Kartoffelpresse drücken. Die restlichen Kartoffeln schälen und fein reiben. Die rohen Kartoffeln in einem Tuch ausdrücken.

2 Gekochte und rohe Kartoffeln mit Eiern und Mehl gründlich vermengen. Die Masse mit Salz und Muskatnuss würzen.

3 Inzwischen für die Füllung das Brötchen in etwas Wasser einweichen. Sobald es weich ist, gut ausdrücken. Den Porree waschen, putzen und in Ringe schneiden.

4 Hackfleisch, Leberwurst, Brotmasse und Ei miteinander vermengen. Mit Salz und Pfeffer würzen. Den Porree in wenig Wasser andünsten. Die Fleischmasse zugeben und unter Rühren gut durchbraten. Die Füllung abkühlen lassen.

5 Mit feuchten Händen aus dem Kartoffelteig 16 bis 18 Klöße formen. Jeweils in die Mitte ein tiefes Loch eindrücken, eine kleine Mulde formen und etwas Füllung hineingeben. Die Kartoffelmasse ringsherum wieder zusammendrücken, es darf keine Füllung sichtbar sein.

6 Reichlich Salzwasser aufkochen. Klöße einlegen, aufkochen, Hitze reduzieren und die Klöße in 25 Minuten gar ziehen lassen.

7 Für die Specksauce die Zwiebeln abziehen und fein würfeln. Den Speck fein würfeln. Die Petersilie waschen und hacken. Speck- und Zwiebelwürfel andünsten. Die Crème fraîche einrühren und kurz erhitzen. Die Petersilie einstreuen, mit Salz und Pfeffer würzen. Die Sauce heiß zu den Klößen servieren.

Sächsische Spezialität

Klump mit Sauerkraut

Für 4 Portionen

Sauerkraut:

150 g Zwiebeln

80 g Schmalz

1,5 kg Sauerkraut

je 1 Prise Salz und Zucker

2 Nelken, 10 Wacholderbeeren

1 Lorbeerblatt, 100 ml Weißwein

Klump (Klöße):

2 kg mehlig kochende Kartoffeln

100 g Speck

3 Eier, 2–3 EL Mehl, Salz

90 Minuten

1 Die Zwiebeln abziehen und fein hacken. Das Schmalz erhitzen und die Zwiebeln darin hell anschwitzen. 1/2 Liter Wasser zugießen.

2 Sauerkraut zugeben, würzen und den Wein angießen. Alles bei mittlerer Hitze etwa 20 Minuten kochen.

3 Kartoffeln schälen, roh fein reiben, in einem Tuch fest ausdrücken.

4 Speck würfeln, auslassen. Mit der Kartoffelmasse, Eiern, Mehl und Salz mischen. Aus der Masse Klöße formen, auf das Sauerkraut legen und in etwa 20 Minuten im geschlossenen Topf gar ziehen lassen.

In Sachsen bezeichnet man Klöße auch als Klump. Der Begriff steht für »zusammendrücken« oder »zusammenballen«.

Etwas aufwändig

Geheiradede Damen und Herren mit Joghurtsauce

Dieses Rezept stammt aus Baden-Württemberg, aus dem Stuttgarter Raum. Die leichte Joghurtsauce verleiht dem Gericht eine erfrischende Note.

Für 4 Portionen

600 g mehlig kochende Kartoffeln
Salz

Nocken:

1/2 Bund Petersilie
70 g Roggenmehl Type 997
150 g Mehl
10 g frische Hefe
2 Eigelbe
50 ml Milch
Salz, frisch geriebene Muskatnuss

Joghurtsauce:

80 g Zwiebeln
20 g kalte Butter
200 ml Kartoffelbrühe
300 g Joghurt

Außerdem:

1 EL gehackte Petersilie
1 EL Schnittlauchröllchen

70 Minuten

1 Kartoffeln schälen, in gleich große Stücke schneiden und in Salzwasser kochen. 200 Milliliter der Kartoffelbrühe für die Sauce aufbewahren. Kartoffeln warm halten.

2 Petersilie waschen und hacken. Für die Nocken beide Mehlsorten in eine Schüssel sieben und in die Mitte eine Mulde drücken. Die Hefe hineinbröckeln, Eigelbe, Milch, Salz, Muskatnuss und Petersilie zufügen und alles mit dem Rührstab zu einem glatten Teig verarbeiten. Zugedeckt 20 Minuten ruhen lassen.

3 Inzwischen für die Sauce die Zwiebeln abziehen und fein würfeln. Wenig Butter in einer Stielkasserolle erhitzen und die Zwiebeln darin hell anschwitzen. Die Brühe angießen und die Flüssigkeit unter Rühren etwas eindampfen lassen.

4 Salzwasser zum Kochen bringen.

5 Mit einem feuchten Teelöffel Nocken aus der Masse abstechen und in das Wasser geben. Kurz aufkochen, die Hitze reduzieren und die Nocken in 10 Minuten gar ziehen lassen. Mit einem Schaumlöffel herausheben und abtropfen lassen.

6 Den Joghurt in den Saucenansatz gießen und unter Rühren nur noch leicht erhitzen; die Sauce darf keinesfalls kochen. Die Stielkasserolle von der Kochstelle nehmen. Die restliche kalte Butter in Würfel schneiden und mit einem Schneebesen unter die Sauce rühren.

7 Die Nocken mit den warm gehaltenen Kartoffelstücken vermischen und auf Teller anrichten. Das Gericht mit Petersilie und Schnittlauchröllchen bestreuen. Die Sauce separat dazu servieren.

Tipp der Köchin

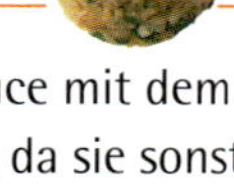

Es ist wichtig, dass die Sauce mit dem Joghurt nicht mehr kocht, da sie sonst gerinnen kann. Mit etwas gekochter, zerdrückter Kartoffel wird sie sämiger.

Kartoffeln, Hefeklößchen und Joghurtsauce: eine herrliche Mischung.

Raffiniert

Thüringer Wickelklöße

Diese optisch attraktiven Wickelklöße sind eine schöne Beilage zu Fleisch- und Gemüsegerichten. Wie ihr Name besagt, werden sie durch Aufrollen bzw. Zusammenklappen von schmalen Teigstreifen geformt. Zerlassene Butter und Semmelbrösel sorgen für besten Geschmack.

Mehl und Eier sind zwei der wichtigsten Zutaten für so manches Kloßrezept.

Für 4 Portionen
- 500 g Mehl
- 70 g Butter
- etwa 1/4 l Milch
- 2 Eier
- Salz
- 4 EL Semmelbrösel

60 Minuten

1 Das Mehl in eine Schüssel sieben. Die Butter zerlassen.

2 Die Milch mit den Eiern und 1 Teelöffel Salz verquirlen. Die Masse mit den Knethaken des Handrührers unter das Mehl kneten. Den Teig mit den Händen so lange weiter kneten, bis er weich und geschmeidig ist.

3 Den Teig in 6 Portionen teilen. Auf einer leicht bemehlten Arbeitsfläche jede Teigportion zu einem etwa 25 Zentimeter langen und 14 Zentimeter breiten Streifen ausrollen. Jeden Teigstreifen mit etwas zerlassener Butter bepinseln und mit Semmelbröseln bestreuen.

4 Jeden Teigstreifen mit Hilfe einer Kuchenpalette viermal jeweils 5 Zentimeter breit überschlagen bis Rechtecke von etwa 5 mal 14 Zentimeter entstanden sind. Jedes Rechteck quer halbieren.

5 Die Kanten der Rechtecke fest zusammendrücken, damit Butter und Semmelbrösel im Kloß bleiben. Jeden Wickelkloß mit einem Holzstäbchen mehrmals einstechen.

6 Salzwasser in einem großen, weiten Topf zum Kochen bringen.

7 Die Wickelklöße in das siedende Wasser gleiten lassen, kurz aufkochen, die Hitze reduzieren und in 20 Minuten gar ziehen lassen. Mit einem Schaumlöffel herausheben und sofort servieren.

Tipp der Köchin

Wichtig ist, dass Sie die Kanten der Klöße immer fest zusammendrücken, damit die Butter und die Semmelbrösel nicht aus den Wickelklößen entweichen und diese dadurch schön locker bleiben können.

Gelingt leicht

Quarkklöße

Für 4 Portionen

250 g Magerquark
3 Eier
100 g weiche Butter
40 g Speisestärke
200 g Grieß
Salz
frisch geriebene Muskatnuss

90 Minuten
8 Stunden Abtropfzeit

1 Quark in ein Sieb geben und am besten über Nacht abtropfen lassen.

2 Eier trennen. Butter und Eigelbe in einer Schüssel schaumig rühren. Quark, Speisestärke, Grieß, 1 Teelöffel Salz und eine Prise Muskatnuss unterrühren.

3 Eiweiß zu Eischnee steif schlagen und unter die Quarkmasse heben. Die Masse 60 Minuten ruhen lassen.

4 Salzwasser zum Kochen bringen. Mit einem immer wieder kalt abgespülten Esslöffel Klöße von der Masse abstechen und in das siedende Wasser geben. Aufkochen, die Hitze reduzieren und die Klöße etwa 10 Minuten garen, bis sie an die Oberfläche steigen.

Die Thüringer Wickelklöße sehen nicht nur köstlich aus, sie schmecken auch so.

Die Böhmischen Semmelknödel lassen sich gut mit Gulasch, Sauerbraten oder einer gehaltvollen Specksauce servieren. Dabei kann die Saucenmenge getrost hoch sein, da die Knödel sich wunderbar zum Eintunken eignen.

Die böhmischen Semmelknödel mit Gulasch sind ein richtiges Sonntagsessen und sehr gut geeignet, wenn die ganze Familie zu Besuch ist.

Sonntagsessen

Böhmische Semmelknödel

Für 4 Portionen

8 altbackene Semmeln (Brötchen)
2 Zwiebeln
1 Bund Petersilie
100 g Butter
3/8 l Milch
4 Eier
200 g Mehl
Salz

90 Minuten

1 Semmeln in etwa 1 Zentimeter große Würfel schneiden. Zwiebeln abziehen und fein würfeln. Petersilie waschen, trocknen und fein hacken.

2 Butter erhitzen. Brotwürfel darin goldbraun rösten, herausnehmen und beiseite stellen. Zwiebelwürfel und Petersilie im verbliebenen Fett andünsten. Brotwürfel zugeben.

3 Milch, Eier, Mehl und 1 Teelöffel Salz mit den Quirlen des Handrührers verschlagen. Semmelmischung zugeben und etwa 30 Minuten stehen lassen.

4 Salzwasser zum Kochen bringen.

5 Aus der Masse 4 längliche Knödel formen, in das Wasser geben. Aufkochen, die Hitze reduzieren und die Knödel im halb offenen Topf 30 bis 40 Minuten garen. Herausheben, abtropfen lassen und in Scheiben schneiden.

Als Beilage

Gulasch

Für 4 Portionen

800 g mageres Rindfleisch
400 g Zwiebeln
2 grüne Paprikaschoten
3 EL Schweineschmalz
2 EL rosenscharfes Paprikapulver
2 EL edelsüßes Paprikapulver
3 EL Tomatenmark
Salz
Cayennepfeffer

2 1/2 -3 Stunden

1 Das Fleisch in große Würfel schneiden. Zwiebeln abziehen, fein hacken. Die Paprikaschoten waschen, putzen und das Fruchtfleisch in Streifen schneiden.

2 Schmalz erhitzen, das Fleisch darin portionsweise bei starker Hitze kräftig anbraten. Herausnehmen.

3 Zwiebelwürfel im verbliebenen Fett bei mittlerer Hitze glasig anschwitzen. Fleisch wieder zugeben.

4 Paprikapulver und Tomatenmark unter das Fleisch rühren. Mit 1/2 Liter Wasser ablöschen und mit Salz und Cayennepfeffer würzen.

5 Das Gulasch zugedeckt bei schwacher Hitze im eigenen Saft schmoren. Nach 90 Minuten die Paprikastreifen zugeben. Weitere 15 Minuten garen. Nach Belieben mit Semmelknödeln servieren.

Wie der Name besagt, werden die Serviettenknödel in einer Serviette gewickelt gegart. Am besten hängt man hierfür die Serviette an einen Kochlöffelstiel und legt diesen auf den Topfrand auf. Wichtig ist, dass das Tuch locker gebunden wird, denn der Kloß dehnt sich beim Garen noch aus.

Sonntagsessen

Tschechischer Serviettenknödel

Für 4 Portionen

4 altbackene Brötchen
180 g Butter
4 Eier
1/4 l lauwarme Milch
500 g Mehl
Salz
3–4 l Brühe

90 Minuten

1 Brötchen in 1 Zentimeter große Würfel schneiden. 60 Gramm Butter erhitzen, die Brotwürfel darin goldbraun rösten.

2 Die Eier trennen. Restliche Butter und Eigelbe schaumig rühren. Abwechselnd Milch, Mehl und Salz unterrühren. Eiweiß steif schlagen. Brot und Eischnee nacheinander unter die Mehlmasse heben.

3 Ein Küchentuch oder eine große Stoffserviette kalt anfeuchten, auswringen und in ein Sieb legen. Den Teig zu einem Knödel formen, einlegen, das Tuch über dem Teig locker zusammenknoten und an einen Kochlöffelstiel hängen.

4 Brühe aufkochen. Den Kochlöffel so auf den Topf legen, dass der Knödel in der Flüssigkeit hängt. Den Knödel im geschlossenen Topf etwa 60 Minuten gar ziehen lassen. Auswickeln und in Scheiben schneiden.

Als Beilage

Saftiger Rinderschmorbraten

Für 4 Portionen

1 kg Rindfleisch aus der Blume
Salz, frisch gemahlener Pfeffer
3 EL Butterschmalz
1 Bund Suppengrün
1 abgezogene Zwiebel, halbiert und mit 2 Gewürznelken gespickt
2 Lorbeerblätter, 1 EL Tomatenmark
1/2 l Rotwein, 1/2 l heiße Fleischbrühe
1 EL Speisestärke
100 g Crème fraîche

160 Minuten

1 Fleisch abspülen, trockentupfen, mit Salz und Pfeffer einreiben. Fett im Bräter erhitzen und das Fleisch darin bei starker Hitze 10 Minuten anbraten. Herausnehmen.

2 Suppengrün fein würfeln. Unter Rühren bei mittlerer Hitze im Bratfett schmoren. Spickzwiebel, Lorbeerblätter, Tomatenmark mitrösten.

3 Fleisch wieder einlegen. Wein zugießen. Zugedeckt bei schwacher Hitze 120 Minuten schmoren, dabei nach und nach die Brühe angießen und den Braten öfter wenden.

4 Fleisch herausnehmen, in Alufolie wickeln, 10 Minuten ruhen lassen. Bratenfond abseihen und mit Stärke binden. Sauce aufkochen, abschmecken. Crème fraîche und Fleischsaft aus der Folie einrühren.

Gelingt leicht

Kümmelklöße

Für 4 Portionen

10 altbackene Semmeln (Brötchen)
3/8 l kochende Milch
1 Zwiebel
2 EL Butter
2 Eier
2 TL fein gehackter Kümmel
Salz
frisch geriebene Muskatnuss
1 EL Semmelbrösel
2 EL Speisestärke

45 Minuten

1 Semmeln in der Milch einweichen. Zwiebel abziehen und fein würfeln. Butter erhitzen und die Zwiebelwürfel darin leicht bräunen.

2 Brot, Zwiebel, Eier und Kümmel miteinander vermengen. Mit Salz und Muskatnuss würzen. Semmelbrösel und zum Schluss die Speisestärke untermischen. Masse gut durcharbeiten, kurz ruhen lassen.

3 Salzwasser zum Kochen bringen.

4 Aus der Masse nicht zu große Klöße formen, in das Wasser geben. Aufkochen, Hitze reduzieren. Klöße in 20 Minuten gar ziehen lassen.

Serviettenknödel stellten einst lediglich eine sinnvolle Verwertung von Brotresten dar. Heute werden sie als Delikatesse geschätzt.

Der Götze, mundartlich der Getze, ist eine Speise aus dem Erzgebirge. Der Begriff leitet sich von »ätzen« = »Essen machen« ab. Die Getzenmasse kann aus Kartoffeln, Mehl, Buttermilch oder Eiern bestehen und durch geräucherte Bratwurst, Zwiebeln, Knoblauch oder Kümmel ergänzt werden. Sie wird in einer Pfanne gebacken und in ihr zu Tisch gebracht.

Gelingt leicht

Buttermilchgetzen

Für 4 Portionen
- 1,5 kg rohe Kartoffeln
- 400–500 g am Vortag gekochte Kartoffeln
- 375 g Buttermilch
- Salz, 125 g Speck

80 Minuten

1 Die rohen Kartoffeln schälen und fein reiben, in einem Tuch ausdrücken und das Kartoffelwasser auffangen. Stärke sich absetzen lassen, Wasser abgießen, die Stärke zurück zur Kartoffelmasse geben.

2 Gekochte Kartoffeln pellen, fein reiben und mit den anderen vermischen. Die Buttermilch unterrühren, salzen. Es soll eine dicke, aber relativ flüssige Kartoffelmasse entstehen.

3 Den Backofen auf 200 °C (Umluft 180 °C, Gas Stufe 2–3) vorheizen.

4 Den Speck grob würfeln und in einer eisernen Pfanne auslassen. Die Getzenmasse etwa 1 1/2 Zentimeter dick einfüllen und im Backofen ohne Wenden 45 Minuten knusprig backen.

Deftig

Speck-Kräuter-Knödel

Für 4 Portionen
- 400 g Mehl
- 1 Päckchen Backpulver
- 2 Eier
- 1/8 l Milch
- Salz
- frisch geriebene Muskatnuss
- 1 Zwiebel
- 1/2 Bund gemischte Kräuter
- 40 g magerer Speck

35 Minuten

1 Das Mehl und das Backpulver sieben. Die Eier und die Milch unterrühren. Die Masse mit Salz und Muskatnuss würzen. Die Zwiebel abziehen und fein hacken. Kräuter waschen, trockenschwenken und hacken. Den Speck würfeln, in einer Pfanne auslassen und die Zwiebelwürfel darin anschwitzen. Kräuter unterrühren. Zwiebelmischung unter den Teig mischen.

2 Reichlich Salzwasser zum Kochen bringen.

3 Mit einem Esslöffel eiförmige Knödel abstechen und ins Wasser geben. Kurz aufkochen, die Hitze reduzieren und die Knödel in etwa 10 Minuten gar ziehen lassen. Knödel mit einem Schaumlöffel herausnehmen, abtropfen lassen, mit zwei Gabeln etwas aufreißen und sofort servieren.

Gemischte Kräuter geben den Speckknödeln die richtige Würze. Zusammen mit Grünkohl ergeben sie eine deftige Hauptmahlzeit.

Klößе aus gekochten Kartoffeln lassen sich gut vorbereiten, da die Kartoffeln am Vortag gekocht werden müssen, um vor der eigentlichen Zubereitung nochmals auskühlen zu können.

Klassiker

Klöße aus gekochten Kartoffeln

Für 4 Portionen

- 1 1/2 kg Kartoffeln
- 50 g Weißbrot
- 20 g Butter
- 75 g Mehl
- 100 g Speisestärke
- 100 g Grieß
- 2 Eier
- Salz, frisch geriebene Muskatnuss

110 Minuten

1 Die Kartoffeln waschen, in wenig Wasser weich kochen, pellen und durch eine Kartoffelpresse drücken.

2 Das Brot klein würfeln. Die Butter erhitzen und die Brotwürfel darin hell rösten.

Gerieben oder gemahlen verliert die Muskatnuss schnell ihr Aroma. Daher dieses Gewürz am besten immer frisch gerieben verwenden.

3 Kartoffelraspel, Mehl, die Hälfte der Speisestärke, Grieß, Eier, Salz und Muskatnuss zu Teig verarbeiten.

4 Den Teig in 12 Stücke teilen, breit drücken und jeweils ein paar Brotwürfel in die Mitte setzen. Nahtlose Klöße formen und diese in der restlichen Speisestärke wälzen.

5 Salzwasser aufkochen und die Klöße einlegen. Kurz aufkochen, die Hitze reduzieren und die Klöße in 20 Minuten gar ziehen lassen. Mit einem Schaumlöffel herausheben.

Tipp der Köchin

Gekochte Klöße werden gern als Beilage zu Schweine-, Gänse- oder Entenbraten gereicht. Als interessante Ergänzung können Sie Apfel- oder Pflaumenkompott dazu servieren. Lassen Sie dann einfach je nach Wunsch die Weißbrotfüllung weg.

Als Beilage

Gänsebraten

Für 6 Portionen

- 1 junge Gans von etwa 4 kg
- 2 EL Salz
- 1 1/2 TL frisch gemahlener Pfeffer
- 1 Zwiebel
- 1 Möhre
- 1 TL gerebelter Majoran
- 1/8 l dunkles Bier oder Fleischbrühe

160 Minuten
12 Stunden Marinierzeit

1 Gans innen und außen kalt abspülen, trockentupfen. Härchen und Federreste mit der Pinzette entfernen.

2 Salz und Pfeffer mischen, den Innenraum der Gans würzen und die

Haut damit einreiben. Mit einem Tuch bedecken, über Nacht kühlen.

3 Zwiebel abziehen, Möhre putzen, beides grob hacken. 1/4 Liter Wasser aufkochen. Die Gans innen mit Majoran würzen. Mit der Brust nach unten in einen Bräter legen, mit Wasser begießen und mit Gemüse umlegen.

4 In den Backofen auf die unterste Schiene stellen. Bei 200 °C (Umluft 180 °C, Gas Stufe 3–4) 60 Minuten garen. Die Gans drehen, Haut unterhalb der Keulen und Flügel einstechen. 50 Minuten braten, dabei alle 10 Minuten das Fett abschöpfen.

5 Backofen hochheizen auf 250 °C (Umluft 230 °C, Gas Stufe 6).

6 Gans aus dem Bräter nehmen, mit den Keulen nach oben auf den Rost legen. Mit Bier oder Brühe bestreichen, in den Backofen schieben, Fettpfanne darunter stellen. Weitere 30 Minuten braten, dabei häufig mit Bier oder Brühe bepinseln, bis die Haut knusprig und braun ist.

7 Gans herausnehmen, 10 Minuten ruhen lassen, tranchieren. Inzwischen das Fett vom Bratfond abschöpfen. Fond abseihen, dabei den Bratsatz lösen. Fond aufkochen und nach Belieben zur Sauce einkochen.

Die Klöße aus gekochten Kartoffeln mit Gänsebraten sind zwar recht arbeitsaufwändig. Aber die Mühe lohnt sich.

Traditionell wird Klößen aus rohen Kartoffeln die beim Auswaschen der Kartoffelraspel anfallende Stärke wieder zugesetzt. Dafür muss sich die Stärke erst vom Wasser absetzen, welches dann abgekippt wird. Um auf Nummer sicher zu gehen, kann man aber auch, wie in diesem Rezept beschrieben, eine abgewogene Menge an Speisestärke zusetzen.

Klöße aus rohen Kartoffeln passen am besten zu kräftigen Braten, z. B. zu Schweinebraten.

Klassiker

Klöße aus rohen Kartoffeln

Für 4 Portionen

2 altbackene Brötchen
40 g Butter
2,75 kg mehlig kochende Kartoffeln
200 g Speisestärke
Salz
1/2 l kochend heiße Milch
150 g Mehl

90 Minuten

1 Brötchen etwa 1 Zentimeter groß würfeln. Butter erhitzen und die Brotwürfel darin goldbraun rösten.

2 Die Kartoffeln schälen und direkt in kaltes Wasser reiben. Kartoffelwasser abgießen. Frisches Wasser zufügen und die Stärke aus der Kartoffelmasse herauswaschen. Die Masse in einem Tuch ausdrücken. Speisestärke, Salz und Milch unterrühren. Nach und nach das Mehl bis auf einen kleinen Rest zugeben, bis der Teig formbar ist.

3 Den Teig in 10 Stücke teilen, breit drücken und jeweils ein paar Brotwürfel mittig auflegen. Nahtlose Klöße formen und in wenig Mehl gleichmäßig wälzen.

4 Reichlich Salzwasser aufkochen. Klöße einlegen, kurz aufkochen, die Hitze reduzieren und die Klöße im offenen Topf 10 bis 15 Minuten garen, bis alle an der Oberfläche schwimmen.

Als Beilage

Schweinebraten

Für 4 Portionen:

1 kg Schweinefleisch zum Braten (Kamm oder Bug)
Salz, frisch gemahlener Pfeffer
1 TL Kümmelkörner
1 große Zwiebel ohne Schale
1 Bund Suppengrün
1 Stück Rinde von altbackenem Schwarzbrot
3/8 l Wasser, Fleischbrühe oder Bier

120 Minuten

1 Backofen vorheizen auf 250 °C (Umluft 230 °C, Gas Stufe 6).

2 Die auf dem Fleischstück eventuell vorhandene Schwarte zunächst in fingerbreite Streifen, dann in Rauten einschneiden. Das Fleisch mit den Gewürzen einreiben.

3 Fleisch mit der Schwartenseite nach unten in den Bräter legen. Auf der untersten Schiene im Backofen 30 Minuten braten.

4 Zwiebel, Suppengrün und Brotrinde zugeben. Die Hälfte der Flüssigkeit seitlich zugießen. Auf 200 °C (Umluft 180 °C, Gas Stufe 3) zurückschalten, 30 Minuten braten. Wenden, erneut 30 Minuten braten, dabei nach und nach die restliche Flüssigkeit zugießen. Fleisch herausnehmen, etwas ruhen lassen. Brotrinde entfernen, Fleisch in Scheiben schneiden. Mit der Sauce servieren.

Sonntagsessen

Motten und Klöße

Unter Motten werden Möhren verstanden. Dieses Gericht bestreitet eine ganze Mahlzeit, da es sowohl Klöße, Fleisch als auch Gemüse enthält. Es wird in einem großen, breiten Topf zubereitet, da die Klöße zum Garen auf das Fleisch gelegt werden.

Petersilie können Sie wunderbar in einem Töpfchen auf der Fensterbank oder auf dem Balkon ziehen. So haben Sie das vielseitige Kraut immer griffbereit.

Für 4 Portionen

Motten:

2 EL Öl
750 g Schweinenacken
1/2 l Fleischbrühe
1 Zwiebel
1 1/2 kg Möhren
3 EL gehackte Petersilie

Klöße:

2 altbackene Brötchen
etwas Milch
1 kg am Vortag gekochte Kartoffeln
1 TL Salz
1/4 TL frisch gemahlener Pfeffer
frisch geriebene Muskatnuss
rosenscharfes Paprikapulver
1 Ei, 400 g Mehl

90 Minuten

1 Öl erhitzen und das Fleisch darin rundum scharf anbraten. Mit Brühe ablöschen, 30 Minuten schmoren.

2 Die Brötchen in Milch einweichen, ausdrücken und zerpflücken. Die Kartoffeln pellen und durch eine Presse drücken. Die Masse pikant würzen und mit Ei und Mehl verrühren, das Brot unterkneten. Den Teig zu Klößen formen.

3 Zwiebel abziehen, fein hacken. Möhren putzen und in Stifte schneiden. Beides zum Fleisch geben, die Klöße obenauf legen und alles zusammen 30 Minuten garen. Klöße aus dem Topf nehmen, warm stellen.

4 Das Fleisch in kleine Würfel schneiden und zusammen mit der Petersilie unter die Möhren heben. In eine Schüssel geben, die Klöße darauf setzen und servieren.

Deftig

Speck-Zwiebel-Wickelklöße mit Kasseler

Für 4 Portionen

Kasseler:

750 g geräuchertes Kasseler
5 Pfefferkörner
1 Lorbeerblatt
1 Bund Suppengrün

Klöße:

200 g durchwachsener Speck
3 Zwiebeln
1 kg am Vortag gekochte Kartoffeln
500 g Mehl
1 TL Backpulver
1 Ei, 2 EL Milch

90 Minuten

1 Das Kasseler in 2 1/2 Liter Wasser mit Pfefferkörnern und Lorbeerblatt garen. Suppengrün putzen, grob zerkleinern und nach 30 Minuten Garzeit zum Kasseler geben. Zusammen weitere 30 Minuten kochen.

2 Inzwischen für die Klöße den Speck würfeln. Die Zwiebeln abziehen, fein hacken. Den Speck in einer beschichteten Pfanne ohne weitere Fettzugabe auslassen und die Zwiebelwürfel darin glasig anschwitzen.

3 Die Kartoffeln pellen und durch eine Kartoffelpresse drücken. Die Kartoffelmasse mit Mehl, Backpulver und Ei zu einem geschmeidigen Teig verkneten, dabei nach Bedarf etwas Milch dazugeben.

4 Den Teig auf einer leicht bemehlten Arbeitsfläche zu einer 1 Zentimeter dicken, rechteckigen Platte ausrollen. Die Speck-Zwiebel-Mischung darauf verteilen. Die Teigplatte von der langen Seite her aufrollen. Die Kanten fest zusammendrücken, damit die Füllung nicht austritt.

5 Das Kasseler aus der Brühe nehmen und warm stellen.

6 Die Brühe durch ein Sieb in einen Topf gießen und wieder aufkochen. Die Teigrolle in die Brühe legen und in 20 Minuten gar ziehen lassen.

7 Das Kasseler und die Teigrolle in Scheiben schneiden und zusammen auf einer großen Platte anrichten. Sofort servieren.

Motten und Klöße: eine ungewöhnliche Kombination, die aber sehr gut schmeckt.

Tipp der Köchin 

Hefeklöße können Sie zu Schweinebraten servieren. Gut schmecken auch die süßen Varianten, z. B. zu Backobst, Kirschkompott oder mit Zimt und Zucker.

Die Kirn-Sulzbacher-Klöße galten früher als »Arme-Leute-Essen«. Heute werden sie jedoch als Spezialität angesehen, die man seinen Gästen anbieten kann.

In den Kirn-Sulzbacher-Klößen versteckt sich eine raffinierte Füllung aus Porree, Hackfleisch und Leberwurst.

Vielseitig verwendbar

Klöße mit Trockenhefe

Für 4 Portionen

500 g Mehl
1 Päckchen Trockenhefe
1 TL Zucker
1 Messerspitze Salz
1/4 l lauwarme Milch
1 Ei
60 g zerlassene Butter

90 Minuten

1 Mehl in eine Rührschüssel sieben. Hefe, Zucker, Salz, Milch, Ei und die Butter zugeben und alles mit den Knethaken des Handrührers verkneten. Den Teig zugedeckt an einem warmen Ort gehen lassen, bis er sein Volumen etwa verdoppelt hat.

2 Teig durchkneten, zu 10 Klößen formen und auf ein bemehltes Brett legen. 20 Minuten gehen lassen.

3 Einen breiten Topf zur Hälfte mit Wasser füllen. Ein Küchentuch über den Topf legen und mit einem Band rundherum festbinden, so dass es straff gespannt ist. Wasser aufkochen. Je nach Topfgröße 3 bis 4 Klöße auf das Tuch legen und mit einer umgedrehten Schüssel abdecken. Klöße im Wasserdampf etwa 15 Minuten garen.

4 Klöße mit einer Gabel aufreißen, damit die Feuchtigkeit entweichen kann und sie locker bleiben. Sofort servieren.

Raffiniert

Kirn-Sulzbacher-Klöße

Für 4 Portionen

1 kg mehlig kochende Kartoffeln
2 Eier
wenig Grieß
Salz, frisch gemahlener Pfeffer
frisch geriebene Muskatnuss

Füllung:

2 kleine Stangen Porree
1 Scheibe Weißbrot
1 EL Butter
500 g Hackfleisch vom Rind
250 g Hausmacher Leberwurst

80 Minuten

1 Kartoffeln waschen, in wenig Wasser garen, pellen und noch heiß durch eine Kartoffelpresse drücken. Mit Eiern, Grieß und Gewürzen zu einem Teig verarbeiten.

2 Porree waschen, putzen und klein schneiden. Brot klein würfeln. Die Butter erhitzen und den Porree darin andünsten. Hackfleisch, Brotwürfel und Leberwurst zufügen und alles gut durchkochen.

3 Den Kartoffelteig auf einer feuchten Arbeitsfläche ausrollen. Kleine Kreise ausstechen und die Füllung mittig darauf setzen. Zu Klößchen formen.

4 Salzwasser aufkochen. Die Klöße hineingeben, kurz aufkochen, die Hitze reduzieren und in etwa 20 Minuten gar ziehen lassen.

Vielseitig und abwechslungsreich können Klöße und Knödel sein. Ob sie Geschmackszutaten im Teig oder als Füllung enthalten, entscheidet die Köchin oder der Koch.

Tipp der Köchin 

Die Käsesauce von Seite 60 passt zu beiden Gerichten.

Zitronen sollten vor dem Abreiben der Schale gründlich unter heißem Wasser gewaschen werden.

Raffiniert

Hennenknödel

Für 4 Portionen

8 altbackene Brötchen
1/4 l heiße Milch
1/2 Zwiebel
250 g Hühnerfleisch (Brust)
1 unbehandelte Zitrone
2 Eier
3 EL gehackte Petersilie
1/4 TL Salz
frisch gemahlener Pfeffer
frisch geriebene Muskatnuss

Außerdem:

2 l Hühnerbrühe zum Garen

70 Minuten

1 Brötchen in Milch einweichen. Zwiebel abziehen, würfeln. Fleisch durch den Fleischwolf drehen oder in der Küchenmaschine zerkleinern. Zitrone waschen, Schale abreiben.

2 Vorbereitete Zutaten, Eier und Petersilie zu einem Teig verkneten, bis er nicht mehr klebt. Würzen.

3 Die Brühe aufkochen. Knödel aus der Masse formen, in die Brühe geben, kurz aufkochen und die Hitze reduzieren. Die Knödel in 15 bis 20 Minuten gar ziehen lassen.

Für Vegetarier

Gemüseklöße

Für 4 Portionen

600 g Gemüse (etwa Möhren, Kohlrabi, Blumenkohl, Wirsing)
200 g Butter
2 Brötchen
2 Eier
100 ml Milch
250 g Mehl
Salz, frisch gemahlener Pfeffer
50 g Semmelbrösel

60 Minuten

1 Gemüse waschen, putzen und fein hacken. Die Hälfte der Butter erhitzen, das Gemüse darin dünsten, gelegentlich etwas Wasser zugeben.

2 Die Brötchen fein würfeln. Etwas Butter erhitzen und die Brotwürfel darin goldgelb rösten. Unter das Gemüse mischen. Eier, Milch und Mehl verschlagen. Die Gemüsemasse unterheben und den Teig salzen und pfeffern.

3 Reichlich Salzwasser zum Kochen bringen. Mit feuchten Händen kleine Klöße formen, in das Wasser geben, kurz aufkochen, die Hitze reduzieren und die Klöße darin gar ziehen lassen, bis sie an der Oberfläche schwimmen. Mit einer Schöpfkelle herausheben und abtropfen lassen.

4 Inzwischen die Semmelbrösel in der restlichen Butter anrösten und über die Gemüseklöße geben.

Raffiniert

Spinatklöße

Für 4 Portionen

200 g Weißbrot
1/4 l heiße Milch
1 Zwiebel
20 g Speck
250 g Spinat
2 Eier
Salz, frisch geriebene Muskatnuss
etwa 250 g Grieß

45 Minuten

1 Das Weißbrot in Würfel schneiden und in der Milch einweichen.

2 Zwiebel abziehen und fein würfeln. Speck klein würfeln, in einer Pfanne auslassen. Zwiebel darin anbraten.

3 Spinat putzen, waschen, ausdrücken und in ganz feine Streifen schneiden. Mit Speck, Zwiebeln, Eiern und Brot vermischen, mit Salz und Muskatnuss würzen. So viel Grieß unterkneten, dass ein geschmeidiger Teig entsteht.

4 Salzwasser aufkochen. Klöße aus der Spinatmasse formen, in das Wasser legen, kurz aufkochen, die Hitze reduzieren und die Klöße in etwa 15 Minuten gar ziehen lassen.

Die optisch attraktiven Spinatklöße sind eine feine Beilage zu Kalbsbraten.

Deftig

Allgäuer Kartoffelklöße

Nördlich der Alpen, im schönen Alpenvorland, werden traditionsgemäß viele Knödel und Klöße zubereitet. Ob mit gekochten oder rohen Kartoffeln – jede Region kennt ihr eigenes Rezept. Allen gemeinsam ist die Verwendung von heimischem Käse, z. B. Emmentaler.

Die Frühlingszwiebeln geben der Sauce für die Allgäuer Kartoffelklöße eine angenehme Schärfe.

Für 4 Portionen

1 kg am Vortag gekochte Kartoffeln
Salz, frisch gemahlener Pfeffer
frisch geriebene Muskatnuss
120 g Mehl
1–2 Eier
200 g fein geriebener Emmentaler

Sauce:

120 g Zwiebeln
5 kleine Frühlingszwiebeln
2 Tomaten
10 g Butter
4 EL Weißwein
1/4 l Gemüsebrühe
200 g Sahne
200 g Schmelzkäse
100 g geriebener Butterkäse
Salz, frisch gemahlener Pfeffer

Außerdem:

100 g durchwachsener Speck

60 Minuten

1 Die Kartoffeln pellen, durch eine Kartoffelpresse in eine Schüssel drücken und mit Salz, Pfeffer und Muskatnuss würzen. Das Mehl darüber sieben, die Eier und den Käse zufügen und alles zu einem glatten Teig verkneten. Sollte der Teig zu nass sein, noch etwas Mehl einkneten.

2 Salzwasser zum Kochen bringen.

3 Aus dem Teig Klöße formen und ins Wasser geben. Den Topf von der Kochstelle nehmen und die Klöße im geschlossenen Topf in etwa 20 Minuten gar ziehen lassen. Herausnehmen und warm halten.

4 In der Zwischenzeit für die Sauce Zwiebeln abziehen und fein würfeln. Frühlingszwiebeln putzen und in Ringe schneiden. Tomaten mit kochendem Wasser überbrühen, abziehen, vierteln, entkernen und das Fruchtfleisch fein würfeln.

5 Butter erhitzen und die Zwiebelwürfel darin glasig anschwitzen. Mit Wein ablöschen, Brühe und Sahne zugießen und 10 Minuten leise garen. Beide Käsesorten unter Rühren darin schmelzen. Die Sauce einmal aufkochen, mit dem Mixstab pürieren und durch ein Sieb streichen. Frühlingszwiebeln und Tomaten zugeben und erneut aufkochen. Salzen und pfeffern.

6 Den Speck würfeln und in einer beschichteten Pfanne ohne weitere Fettzugabe knusprig auslassen. Klöße auf Tellern anrichten, mit der Sauce begießen, mit Speckwürfeln bestreuen und servieren.

Tipp der Köchin

Als Beilage können Sie frischen Salat, etwa einen Feldsalat, servieren.

Raffiniert

Meerrettichklöße

Mit ihrem leicht scharfen Geschmack passen Meerrettichklöße sehr gut zu Fischgerichten und sind eine gute Alternative zu den sonst üblichen gekochten Kartoffeln.

Für 4 Portionen

- 1 kg am Vortag gekochte Kartoffeln
- 4 EL frisch geriebener Meerrettich
- 2 Eier
- Salz
- 50 g Mehl
- 50 g Speisestärke
- 50 g Weißbrot
- 25 g Butter

45 Minuten

1 Die Kartoffeln pellen und fein reiben. Mit Meerrettich, Eiern, Salz, Mehl, Speisestärke und 2 bis 3 Esslöffeln Wasser zu einem geschmeidigen Kloßteig verarbeiten.

2 Das Brot in kleine Würfel schneiden. Die Butter erhitzen und die Brotwürfel darin rösten.

3 Salzwasser in einem Topf zum Kochen bringen.

4 Aus dem Kartoffelteig nahtlose Klöße mit den Brotwürfeln als Füllung formen. Die Klöße in Mehl wälzen und in das Wasser legen, 8 Minuten in leise siedendem Wasser kochen, die Hitze reduzieren und die Klöße in weiteren 10 Minuten gar ziehen lassen.

Meerrettich enthält ätherische Öle und schwefelhaltige Verbindungen, die antibakteriell und pilztötend wirken.

Deftig

Käse-Kartoffel-Klöße

Für 4 Portionen

- 1 kg am Vortag gekochte Kartoffeln
- 100 g Semmelbrösel
- 1 EL Speisestärke
- 2 Eier
- 150 g Emmentaler Käse
- 1 TL Basilikum, getrocknet
- 1 Messerspitze Thymian, getrocknet
- 2 Stängel Petersilie
- Salz
- frisch gemahlener Pfeffer

Außerdem:

- 125 g durchwachsener Speck

35 Minuten

1 Die Kartoffeln pellen, reiben und mit den Semmelbröseln, der Speisestärke und den Eiern vermischen. Käse und getrocknete Kräuter unterrühren. Petersilie waschen, trocknen, die Blättchen fein hacken und dazugeben. Die Masse mit Salz und Pfeffer würzen.

2 Salzwasser zum Kochen bringen.

3 Mit feuchten Händen Klöße aus der Masse formen, in das Wasser legen, kurz aufkochen, die Hitze reduzieren und die Klöße in etwa 15 Minuten gar ziehen lassen.

4 Den Speck fein würfeln und in einer Pfanne ohne zusätzliches Fett knusprig braten. Die abgetropften Käse-Kartoffel-Klöße auf Teller geben und mit dem Speck servieren.

Klassiker

Jägerklöße

Für 4 Portionen
- 1,5 kg mehlig kochende Kartoffeln
- 250 g Speisestärke
- Salz
- frisch gemahlener Pfeffer
- 1/4 l Milch
- 150 g Pilze
- 1 Zwiebel
- 2 EL gehackte Petersilie

40 Minuten

1 Die Kartoffeln waschen, mit der Schale in wenig Wasser weich kochen, pellen und noch heiß durch eine Kartoffelpresse drücken.

2 Die heiße Kartoffelmasse mit Speisestärke vermengen, salzen und pfeffern. Die Milch aufkochen und sofort unter die Masse mischen.

3 Die Pilze putzen und fein hacken. Die Zwiebel abziehen und ganz fein würfeln. Pilze, Zwiebel und Petersilie unter den Teig kneten.

4 Salzwasser zum Kochen bringen. Mit feuchten Händen Klöße formen, ins Wasser geben, kurz aufkochen, die Hitze reduzieren und die Klöße in 20 Minuten gar ziehen lassen.

Jägerklöße sind eine sehr gute Beilage zu Schweinebraten. Man kann sie mit Champignons oder Steinpilzen zubereiten.

Sonntagsessen

Fleischkloß auf Sauerkraut

Aus Großmutters Zeiten stammt dieses Rezept, das ein komplettes, gut sättigendes Gericht hervorbringt. Allerdings sollte man die nötige Zeit für die Zubereitung einplanen.

Für 4 Portionen

250 g geräucherter, durchwachsener Speck
500 g Schweinefleisch
400 g Schweineleber
500 g Graupen
1 EL Salz
1 TL frisch gemahlener Pfeffer
1/2 TL Nelkenpulver
1 TL getrockneter Majoran
4 Eier

Sauerkraut:

1 EL Schmalz
500 g Sauerkraut
1 Apfel
1 Zwiebel
1 TL Salz
1 EL Zucker
1 TL Wacholderbeeren
3 Lorbeerblätter

210 Minuten

Sauerkraut wird gern durch die Zugabe eines Apfels verfeinert. Zusammen mit dem Fleischkloß ergibt es eine sättigende Hauptmahlzeit.

1 Speck und Fleisch grob würfeln. Leber von Häutchen und Sehnen befreien und klein schneiden.

2 Speck in 2 Liter Wasser 15 Minuten ankochen. Fleisch zugeben und 60 Minuten bei mittlerer Hitze garen. Die Leber zufügen und noch weitere 5 Minuten mitkochen.

3 Speck, Fleisch, Leber herausnehmen, beiseite legen. 3/4 Liter Brühe abseihen (Rest aufheben) und die Graupen darin bei schwacher Hitze in 40 Minuten ausquellen lassen.

4 Speck, Fleisch und Leber durch den Fleischwolf drehen und würzen. Graupen und Eier untermengen. Ein Tuch in ein Sieb legen, die Masse zu einem großen Kloß formen, auf das Tuch legen und dieses locker zusammmenknoten.

5 Die restliche Brühe erneut erhitzen, bis Dampf aufsteigt. Einen Kochlöffelstiel unter den Knoten des Tuchs stecken und so auf den Topfrand auflegen, dass der Kloß im Dampf 60 Minuten gart. Auf konstante Temperatur achten.

6 Das Schmalz erhitzen und das Kraut darin andünsten. Apfel schälen, Kerngehäuse entfernen, das Fruchtfleisch klein schneiden. Zwiebel abziehen und würfeln. Apfel, Zwiebel, 1/4 Liter Wasser und Gewürze unter das Kraut mischen und 15 Minuten garen. Das Kraut in eine Schüssel geben und den Kloß darauf anrichten.

Die Grießklöße können auf unterschiedliche Weise fertiggestellt werden. Entweder mischt man, wie im Rezept erläutert, die gerösteten Brotwürfel unter den Teig oder man gibt die Brotwürfel als Füllung in die Klöße.

Gelingt leicht

Grießklöße

Für 4 Portionen

3/4 l Milch
Salz
2 EL Butter
250 g Grieß
2 Eier
frisch geriebene Muskatnuss
50 g Weißbrot

50 Minuten

1 Die Milch mit Salz und der Hälfte der Butter aufkochen. Den Grieß unter Rühren einstreuen, aufkochen lassen und dabei ständig rühren, bis sich die Masse als dicker Kloß vom Boden löst. Von der Kochstelle nehmen und etwas abkühlen lassen.

2 Eier verquirlen und nach und nach unter die Grießmasse rühren. Mit Muskatnuss würzen.

3 Das Brot in Würfel schneiden. Die restliche Butter erhitzen und die Brotwürfel darin rösten. Die Brotwürfel unter die Grießmasse mischen.

4 Salzwasser zum Kochen bringen.

5 Mit einem angefeuchteten Esslöffel ovale bis längliche Klöße abstechen und ins Wasser legen. Die Klöße 5 Minuten im siedenden Wasser kochen, die Hitze reduzieren und die Klöße weitere 10 Minuten gar ziehen lassen.

Maronenknödel sind eine Delikatesse für kältere Tage. Sie eignen sich als Beilage zu Braten von Gans, Ente oder Wild.

Zur Herbstzeit

Maronenknödel

Für 4 Portionen

4 Maronen (Kastanien)
1,5 kg mehlig kochende Kartoffeln
125 g Mehl
2 Eier
Salz
1 kleiner Apfel
2 Stängel Petersilie
1 TL Butter

80 Minuten

1 Backofen vorheizen auf 200 °C (Umluft 180 °C, Gas Stufe 3–4). Maronen oben kreuzweise einschneiden und etwa 20 Minuten backen. Schälen und grob hacken.

2 Die Hälfte der Kartoffeln mit der Schale weich kochen. Pellen und heiß durch eine Kartoffelpresse drücken. Auskühlen lassen. Die restlichen Kartoffeln schälen, roh fein reiben und in einem Tuch gut auspressen. Beide Kartoffelsorten mit Mehl, Eiern und Salz verkneten.

3 Apfel schälen, putzen und das Fruchtfleisch fein würfeln. Petersilie waschen, trocknen und hacken. Butter erhitzen, Maronenstücke, Apfelwürfel und Petersilie darin dünsten.

4 Nahtlose Knödel mit Maronenmischung als Füllung formen. Salzwasser aufkochen. Knödel einlegen, kurz aufkochen, die Hitze reduzieren, in etwa 20 Minuten gar ziehen lassen.

Übrig gebliebene Klöße kann man am folgenden Tag in Scheiben schneiden und in etwas Butter kross anbraten; sie schmecken so vorzüglich.

Porree sollte wie jedes Gemüse erst gründlich gewaschen und dann klein geschnitten werden, damit nicht zu viele Vitamine herausgewaschen werden.

Für Vegetarier

Kartoffel-Gemüse-Klöße

Für 4 Portionen

- 750 g mehlig kochende Kartoffeln
- 500 g Möhren
- 500 g Porree
- 1 altbackenes Brötchen
- 2 EL Butter
- 2 Eier
- 75 g Mehl
- 75 g Speisestärke
- Salz, frisch gemahlener Pfeffer
- frisch geriebene Muskatnuss

70 Minuten

1 Die Kartoffeln waschen und mit der Schale in wenig Wasser in etwa 20 Minuten weich kochen. Abgießen, sofort pellen und noch heiß durch eine Kartoffelpresse drücken.

2 In der Zwischenzeit Möhren schälen. Porree putzen, waschen und beides in lange feine Stifte schneiden.

3 Das Brötchen in feine Würfel schneiden. Die Hälfte der Butter erhitzen und die Brotwürfel darin anrösten.

4 Kartoffelmasse mit 1/3 der Gemüsestreifen vermengen. Mit Eiern, Mehl und Speisestärke zu einem Teig verkneten. Mit Salz, Pfeffer und Muskatnuss würzen.

5 Salzwasser zum Kochen bringen.

6 Mit feuchten Händen aus der Masse 12 Klöße formen und jeweils ein paar Brotwürfel als Füllung in die Mitte geben. Die Klöße ins siedende Wasser legen, kurz aufkochen, die Hitze reduzieren und die Klöße in etwa 15 Minuten gar ziehen lassen, bis sie an der Oberfläche schwimmen.

7 In der Zwischenzeit die restliche Butter erhitzen und die restlichen Gemüsestreifen darin etwa 5 Minuten dünsten, mit etwas Salz und Pfeffer würzen. Die Knödel in einer Schüssel anrichten und die Gemüsestreifen dazu servieren.

Raffiniert

Mit Champignons gefüllte Knödel

Für 4 Portionen

- 6 Semmeln (Brötchen) vom Vortag
- 1/4 l warme Milch
- 1 Zwiebel
- 250–300 g Champignons
- 1 EL Butter
- 1 EL gehackte Petersilie
- Salz, frisch gemahlener Pfeffer
- 2 Eier

60 Minuten

1 Die Semmeln zerbröseln und in der warmen Milch einweichen. Die Zwiebel abziehen und fein würfeln. Die Champignons putzen und feinblättrig aufschneiden.

2 Die Butter in einer Pfanne erhitzen und die Zwiebelwürfel darin hell anschwitzen. Die Pilze zugeben und unter vorsichtigem Rühren weich dünsten. Die Petersilie untermischen, salzen und pfeffern.

3 Die Hälfte der Pilzmischung und die Eier zu der Semmelmasse geben und alles zu einem Teig verarbeiten.

4 Salzwasser zum Kochen bringen.

5 Mit feuchten Händen aus der Masse Knödel formen und jeweils 1 gehäuften Teelöffel des restlichen Champignonragouts als Füllung in die Mitte geben. Die Knödel in das kochende Wasser legen, kurz aufkochen, die Hitze reduzieren und die Knödel gar ziehen lassen, bis sie an der Oberfläche schwimmen. Mit einem Schaumlöffel herausnehmen.

Tipp der Köchin

Sie können die mit Champignons gefüllten Knödel gut als Beilage zu Braten aller Fleischarten servieren.

Kartoffel-Gemüse-Klöße können ebenso gut solo mit einer cremigen Sauce wie als Beilage zu Enten- oder Gänsebraten gereicht werden.

Aus Südtirol stammt die Kombination von Speckknödeln mit Rahmpilzen. Je nach Angebot können dafür verschiedene Pilzsorten verwendet werden.

Klassiker

Tiroler Speckknödel

Für 4 Portionen
- 500 g altbackenes Weißbrot
- 100 g durchwachsener Räucherspeck
- 100 g gekochter Schinken
- 2 Stängel Petersilie
- 2 EL Butter
- Salz, frisch gemahlener Pfeffer
- 2–3 Eier
- 1/2 l Milch, 2 EL Mehl

60 Minuten

1 Brot, Speck und Schinken in kleine Würfel schneiden. Die Petersilie waschen und die Blättchen fein hacken. Die Butter erhitzen und Brot, Speck und Schinken darin rösten. Petersilie untermischen, salzen und pfeffern. Die Mischung in eine Schüssel geben.

2 Eier und Milch miteinander verquirlen und über die Brotmischung gießen. Das Mehl darüber sieben und alles gut vermischen. Den Teig 15 Minuten ruhen lassen.

3 Salzwasser zum Kochen bringen.

4 Mit feuchten Händen Knödel formen, ins Wasser legen, kurz aufkochen, die Hitze reduzieren und die Knödel in 15 Minuten gar ziehen lassen.

Als Beilage

Rahmpilze

Für 4 Portionen
- 1 kg Pilze (Champignons, Pfifferlinge, Steinpilze)
- 80 g Zwiebeln
- 2 EL Butter
- Salz, frisch gemahlener Pfeffer
- 1 EL Mehl
- 250 g Sahne
- 1 EL gehackte Petersilie

20 Minuten

1 Die Pilze putzen und je nach Größe halbieren, vierteln oder in Scheiben schneiden.

2 Zwiebeln abziehen und in feine Würfel schneiden. Die Butter erhitzen und die Zwiebelwürfel darin glasig anschwitzen.

3 Die Pilze zugeben und unter Rühren weich dünsten. Mit Salz und Pfeffer würzen.

4 Das Mehl mit etwas Sahne glatt rühren und unter die Pilze mischen. Die restliche Sahne angießen und kurz ziehen lassen. Die Rahmpilze mit Petersilie bestreuen und zu den Speckknödeln servieren.

Der Speck spielt bei den Tiroler Speckknödeln, wie der Name schon sagt, die Hauptrolle und verleiht ihnen ihren deftigen Geschmack.

Vollwertig

Am Anfang standen zaghafte Versuche, sich in der vollwertigen Küche einen Platz zu erobern. Mittlerweile haben Klöße und Knödel auch hier ihrem Namen alle Ehre gemacht. Zu verdanken ist dies den Zutaten Hirse, Buchweizen und Grünkern, denn sie haben mit ihrem kernigen Geschmack viele neue Kreationen ermöglicht. In Kombination mit diversen Gemüsezubereitungen werden sie vor allem Vegetarier erfreuen. Die vollwertigen Klöße und Knödel lassen übrigens nichts an Zartheit zu wünschen übrig.

Vollwertige Klöße sind ideale Begleiter für schmackhafte Gemüsegerichte. Je nach Saison kann man das Gemüse aus einer reichhaltigen Angebotspalette aussuchen und entweder im eigenen Saft dünsten oder mit einer Sauce verfeinern. So schmecken etwa die Kartoffel-Hafer-Knödel gut mit Porreegemüse.

Wenn Sie keine Getreidemühle besitzen und keinen Haferschrot bekommen, können Sie die Kartoffel-Hafer-Knödel auch mit groben Haferflocken zubereiten.

Gelingt leicht

Kartoffel-Hafer-Knödel

Für 4 Portionen

800 g am Vortag gekochte Kartoffeln
1/2 Bund Petersilie
180–200 g grober Hafervollkornschrot
2 Eier
frisch geriebene Muskatnuss

Außerdem:

2 l Gemüsebrühe

30 Minuten

1 Kartoffeln pellen und durch eine Kartoffelpresse drücken. Petersilie waschen, trocknen, fein hacken und zu den Kartoffelraspeln geben.

2 Haferschrot und Eier untermischen und mit Muskatnuss würzen.

3 Die Gemüsebrühe aufkochen.

4 Mit feuchten Händen aus der Masse 8 bis 10 Knödel formen, in die Brühe einlegen, kurz aufkochen, die Hitze reduzieren und die Knödel in 15 bis 20 Minuten gar ziehen lassen.

Etwas aufwändig

Getreideschöpfklöße

Für 4 Portionen

1 Tasse Weizenschrot
1 Tasse gekochte Getreidekörner (z. B. Weizen, Dinkel, Grünkern)
1 Tasse Zwiebackmehl
1 Tasse Magerquark
1 EL Distelöl
Salz
frisch gehackte Kräuter (Petersilie, Schnittlauch, Bohnenkraut)

90 Minuten

1 Schrot mit einer Tasse Wasser aufkochen und zugedeckt bei schwacher Hitze 10 Minuten kochen, die Hitzezufuhr abstellen und den Brei in weiteren 50 Minuten ausquellen lassen.

2 Den Schrotbrei mit allen anderen Zutaten zu einem geschmeidigen Teig verarbeiten.

3 Klöße abstechen und auf fast gar gekochtes Gemüse (Porree, Möhren oder Sauerkraut) setzen und noch 20 Minuten mitziehen lassen.

Tipp der Köchin

Versetzen Sie Teigreste mit weiterem Zwiebackmehl. Daraus Plätzchen formen und ausbacken. Statt Kräuter kann man Rosinen verwenden und die Klöße auf Dörrobst garen.

Als Beilage

Porreegemüse

Für 4 Portionen
1 kg Porree
2 EL Butter
Salz
frisch gemahlener Pfeffer
Helle Sauce:
2 EL Butter
2 EL Mehl
etwa 1/2 l Gemüsebrühe
Salz, frisch gemahlener Pfeffer
frisch geriebene Muskatnuss
3 EL Sahne

30 Minuten

1 Den Porree putzen. Die Stangen unter fließendem kaltem Wasser waschen. Abtropfen lassen und schräg in Scheiben schneiden.

2 Die Butter erhitzen und den Porree darin andünsten. Mit Salz und Pfeffer würzen. Zugedeckt bei mittlerer Hitze weich dünsten, dabei nach Bedarf etwas Wasser zugießen.

3 Für die Sauce die Butter erhitzen und das Mehl darin farblos anschwitzen. Mit Brühe ablöschen. Bei mittlerer Hitze unter Rühren bis zur gewünschten Konsistenz kochen. Würzen. Die Sahne unterrühren und die Sauce zum Porree geben.

Die Getreideschöpfklöße sind zusammen mit dem Porreegemüse ein köstliches Hauptgericht für Vegetarier.

Raffiniert

Buchweizen-Kartoffel-Klöße mit Tomatensauce

Buchweizen ist im botanischen Sinn kein Getreide, sondern ein Wiesenkraut, das in der Küche wie Getreide verwendet wird. Mit ihrer dreikantigen Form erinnern seine Früchte an Bucheckern. Sie werden zu Flocken, Grieß oder Mehl verarbeitet.

Für 4 Portionen

Klöße:

1 kg am Vortag gekochte Kartoffeln
1 Bund Schnittlauch
200 g geräucherter, durchwachsener Speck
200 g Buchweizenmehl
3 Eier
6 EL Milch
Salz
1/2 TL getrockneter Majoran

Tomatensauce:

500 g Tomaten
1 Zwiebel
1 Knoblauchzehe
1 EL Olivenöl
Salz, frisch gemahlener Pfeffer
1 Prise brauner Zucker
1 EL gehackte Kräuter (Thymian, Rosmarin, Salbei)
2 EL Crème fraîche

Buchweizen ist eine beliebte Zutat in der Vollwertküche. Zusammen mit Kartoffeln, Speck und Eiern lassen sich aus seinem Mehl köstliche Klöße zaubern.

30 Minuten

1 Die Kartoffeln pellen und durch eine Kartoffelpresse drücken.

2 Schnittlauch waschen, abtropfen lassen und in feine Röllchen schneiden. Den Speck in kleine Würfel schneiden.

3 Kartoffeln und Buchweizenmehl mischen und nach und nach Eier, Milch und Speck unterrühren. Mit 2 Teelöffeln Salz und Majoran würzen und alles zu einem glatten Teig verarbeiten.

4 Salzwasser zum Kochen bringen.

5 Mit feuchten Händen aus der Masse Klöße formen, in das Wasser legen, kurz aufkochen, die Hitze reduzieren und die Klöße in 10 bis 20 Minuten gar ziehen lassen.

6 In der Zwischenzeit für die Sauce die Tomaten mit kochendem Wasser überbrühen und abziehen. Stielansätze und Kerne entfernen und das Fruchtfleisch grob schneiden. Zwiebel und Knoblauch abziehen und fein hacken.

7 Das Öl erhitzen und Zwiebel- und Knoblauchwürfel darin hell anschwitzen. Die Tomaten unterrühren und mit Salz, Pfeffer, Zucker und den Kräutern würzen. Bei starker Hitze unter Rühren schmoren, bis Flüssigkeit austritt und etwas verdampft. Nach Bedarf die Sauce pürieren. Die Crème fraîche unterrühren.

Tipp der Köchin

Servieren Sie dazu einen frischen Endiviensalat mit Tomaten, beträufelt mit einem Dressing aus Aceto Balsamico und Olivenöl.

Quark wird in der Vollwertküche gern verwendet. Je nach Geschmacksvorliebe kann man zwischen drei verschiedenen Fettstufen wählen: Magerquark, Speisequark mit 20 Prozent Fett und Speisequark mit 40 Prozent Fett. Je mehr Fett Quark enthält, desto geschmeidiger und cremiger ist er.

Gelingt leicht

Hirse-Quark-Klöße

Für 4 Portionen

- 2 Tassen Quark
- 1 Tasse Hirseflocken oder Polenta
- 1 Tasse Zwiebackmehl
- Salz
- 1–2 EL Rosinen

35 Minuten

1 Den Quark gut abtropfen lassen und glatt rühren.

2 Alle Zutaten miteinander vermischen, bis ein formbarer, ziemlich trockener Teig entstanden ist.

3 Salzwasser in einem großen Topf zum Kochen bringen.

4 Mit feuchten Händen einen Probekloß formen, in das Wasser legen, kurz aufkochen und in 10 Minuten gar ziehen lassen. Hält der Probekloß, formt man die restlichen Klöße, gibt sie alle gleichzeitig ins kochende Wasser und lässt sie in 10 Minuten gar ziehen. Mit einem Schaumlöffel herausnehmen. Zerfällt der Probekloß, so gibt man noch etwas Polenta oder Hirseflocken unter den Teig.

Als Beilage

Bratäpfel

Für 4 Personen

- 2 EL Butter
- 1/8 l Apfelsaft
- 4 feste, säuerliche Äpfel
- 1 EL Zitronensaft
- 1 EL Rosinen
- 40 g Mandelstifte
- 1 EL brauner Zucker
- Zimtpulver

35 Minuten

1 Backofen auf 175 °C (Umluft 155 °C, Gas Stufe 2–3) vorheizen. Eine feuerfeste Form mit etwas Butter ausstreichen. Den Apfelsaft in die Form gießen.

2 Die Äpfel waschen und abtrocknen, die Kerngehäuse mit einem Apfelausstecher entfernen. Die Äpfel innen mit Zitronensaft beträufeln und in die Form setzen.

3 Die Rosinen und die Mandeln etwas klein schneiden. Die restliche Butter erhitzen und Rosinen, Mandeln und Zucker darin unter Rühren kurz anschwitzen. Mit Zimt würzen. Die Mischung in die Äpfel füllen.

4 Die Form in den Backofen geben und die Bratäpfel in 20 Minuten backen. Heiß servieren.

Rosinen sind wie alle Trockenfrüchte sehr nahrhaft. Sie liefern wertvolle Vitamine und Mineralstoffe und sind ein idealer Energielieferant für Zwischendurch.

Raffiniert

Buchweizen-Quark-Klöße

Für 4 Portionen

1 Tasse Buchweizen
1 Tasse Quark
1 Tasse Haferflocken
fein gehackte Küchenkräuter
Salz, Zwiebackmehl nach Bedarf

45 Minuten

1 Den Buchweizen 10 Minuten in 500 Milliliter heißem Wasser einweichen. Abgießen und drei Tassen kaltes Wasser zufügen. In 25 Minuten garen.

2 Den Quark abtropfen lassen und glatt rühren. Mit dem gegarten Buchweizen, den Haferflocken, Kräutern und Salz zu einer geschmeidigen Masse formen. Bei Bedarf Zwiebackmehl unterrühren.

3 Salzwasser in einem großen Topf zum Kochen bringen.

4 Einen Probekloß formen, kurz aufkochen, die Hitze reduzieren und in 15 Minuten gar ziehen lassen. Hält er, die restlichen Klöße formen, gleichzeitig ins kochende Wasser geben und in 15 Minuten gar ziehen lassen. Zerfällt der Probekloß, noch Zwiebackmehl unter den Teig geben.

Die Hirse-Quark-Klöße sind zusammen mit den Bratäpfeln ein köstliche Hauptmahlzeit für alle Süßschnäbel.

Grünkern ist unreif geernteter und auf Holzfeuer gedarrter Dinkel, ein naher Verwandter vom Weizen. Mit seinem leicht nussartigen Geschmack ist er eine beliebte Zutat in der Vollwertküche.

Milch und Brötchen ergeben zusammen nicht nur ein einfaches Frühstück, sondern sind auch wichtige Zutaten für die deftigen Grünkernklöße.

Gelingt leicht

Grünkernklöße

Für 4 Portionen

- etwa 1/2 l Milch
- 150 g Grünkernschrot
- 4 Brötchen
- 1 Zwiebel
- 50 g Butter
- 2 Eier
- 1 EL gehackte Petersilie
- Salz, frisch gemahlener Pfeffer
- frisch geriebene Muskatnuss
- Mehl zum Wenden

60 Minuten

1 Von der Milch 1/4 Liter in einem Topf zum Kochen bringen. Grünkernschrot einstreuen, aufkochen und ausquellen lassen.

2 Die restliche Milch separat erhitzen. Die Brötchen in dünne Scheiben schneiden und mit so viel heißer Milch begießen, dass sie gut einweichen können.

3 In der Zwischenzeit die Zwiebel abziehen und fein würfeln. Die Butter in einem Topf zerlassen und die Zwiebelwürfel darin anschwitzen. Das weiche Brot gut ausdrücken und mit dem ausgequollenen Grünkernschrot zu der Zwiebel geben. Alles zu einer glatten Masse verarbeiten und unter Rühren erhitzen. Die heiße Masse in eine Schüssel geben.

4 Nacheinander die Eier und die Petersilie unter die Grünkernmasse mischen. Mit Salz, Pfeffer und Muskatnuss würzen.

5 Salzwasser in einem großen Topf zum Kochen bringen.

6 Mit feuchten Händen aus dem Teig 10 bis 12 Klöße formen, in Mehl wenden und ins kochende Wasser legen. Kurz aufkochen, die Hitze reduzieren und die Klöße in etwa 15 Minuten gar ziehen lassen. Mit einem Schaumlöffel herausnehmen.

Tipp der Köchin

Diese Klöße eignen sich als Beilage zu allen Arten von Braten. Servieren Sie eine Kräutersauce dazu. Dafür 40 Gramm Butter zerlassen, 40 Gramm Mehl einrühren, mit 1/2 Liter Gemüsebrühe ablöschen, salzen, pfeffern und 5 Minuten kochen lassen. Gehackte Petersilie, fein geschnittenen Dill und Schnittlauchröllchen kurz vor dem Servieren in die Sauce geben.

Süß und köstlich

Wenn es um süße Knödel geht, kommen Feinschmecker ins Schwärmen. Vor allem, wenn sie aus dem Repertoire der ungarisch-österreichischen Mehlspeisenküche stammen, die als Vermächtnis kaiserlich-königlicher Lebensart auch heute noch die Nachwelt erfreut. Topfenknödel, Marillenknödel, Germknödel und viele andere sind schon eine Sünde wert. Und da sich fertige Knödel auch problemlos einfrieren und wieder erwärmen lassen, kann man gut auf Vorrat arbeiten, um der spontanen Lust auf eine süße Mehlspeise so schnell wie möglich nachkommen zu können.

Topfen ist die österreichische Bezeichnung für Quark. Er unterscheidet sich von dem bei uns handelsüblichen Produkt durch seine trockenere und feinere Konsistenz und ähnelt eher dem Schichtkäse. Wenn Sie Quark verwenden wollen, dann lassen Sie ihn, am besten über Nacht in ein Tuch gewickelt, gut abtropfen, damit er schön trocken wird.

Gelingt leicht

Topfenknödel

Für 4 Portionen

- 500 g Magerquark (Schichtkäse)
- 1/2 unbehandelte Zitrone
- 120 g Butter
- 75 g Zucker
- 2 Eigelbe
- 50 g Mehl
- 50 g Grieß
- Salz

60 Minuten

1 Den Quark abtropfen lassen und sehr gut ausdrücken.

2 Die Zitrone heiß abwaschen, trocknen und die Schale abreiben. Den Saft auspressen. In einer Schüssel 100 Gramm Butter mit dem Zucker schaumig rühren. Eigelbe, Quark, Zitronenschale und -saft zufügen und alles sehr cremig rühren. Das Mehl und den Grieß untermischen. Den Teig etwa 30 Minuten im Kühlschrank quellen lassen.

3 Salzwasser zum Kochen bringen.

4 Mit bemehlten Händen aus dem Teig 12 bis 16 kleine Knödel formen. Die Knödel in das kochende Wasser geben, kurz aufkochen, die Hitze reduzieren und in etwa 15 Minuten gar ziehen lassen. Die Knödel mit einem Schaumlöffel herausheben.

5 Die restliche Butter zerlassen und über die Knödel geben.

Schnell zubereitet

Süße Kartoffelklöße

Für 4 Portionen

- 400 g am Vortag gekochte Kartoffeln
- 135 g Butter
- 4 Eier
- 40 g Zucker
- Salz
- 2–3 EL Mehl
- 50 g Semmelbrösel

30 Minuten

1 Die Kartoffeln pellen und fein reiben. 125 Gramm Butter schaumig schlagen und nach und nach Eier, Zucker, Salz, Mehl und Kartoffelraspel einrühren.

2 Salzwasser zum Kochen bringen.

3 Mit angefeuchteten Händen Klöße aus der Masse formen, ins Wasser geben, kurz aufkochen, die Hitze reduzieren und die Klöße in etwa 10 Minuten gar ziehen lassen. Mit einem Schaumlöffel herausheben und abtropfen lassen.

4 Die restliche Butter erhitzen und die Semmelbrösel darin anrösten. Über die Klöße geben.

Tipps der Köchin

Diese Klöße kann man auch mit Zwiebackstücken füllen. Zu süßen Klößen passen Kompotte oder Fruchtsaucen.

Raffiniert

Marillenknödel

Für 4 Portionen

500 g mehlig kochende Kartoffeln
1 Ei
1 EL Sahne
10 g Butter
125 g Mehl
Salz
12 Marillen (Aprikosen)
12 Stück Würfelzucker

55 Minuten

1 Die Kartoffeln mit der Schale in wenig Wasser kochen, sofort pellen und noch heiß durch eine Kartoffelpresse drücken.

2 Ei, Sahne, Butter, Mehl und Salz in die Kartoffelmasse einarbeiten und durchkneten. Kurz ruhen lassen.

3 Die Marillen entsteinen. Statt des Steins je 1 Stück Würfelzucker hineinstecken. Den Teig etwa 5 Millimeter dick ausrollen, in Quadrate schneiden und die Marillen so damit umhüllen, dass Knödel entstehen.

4 Salzwasser zum Kochen bringen. Die Knödel einlegen, kurz aufkochen, die Hitze reduzieren und in 5 bis 8 Minuten gar ziehen lassen.

Marillenknödel sind ein Klassiker aus Österreich. Im geschmeidigen Teig verbergen sich süße Aprikosen. Die Knödel werden vorm Servieren in gerösteten Semmelbröseln oder Mohn gewälzt und gezuckert.

Germ steht in Österreich für Hefe. Bei diesem Rezept entsteht ein einfacher, aber dennoch nicht minder vorzüglicher Hefeteig, der mit fruchtiger Füllung auf den Teller kommt.

Raffiniert

Gefüllte Germknödel mit Kompott

Für 4 Portionen

Teig:

10 g frische Hefe
1/8 l lauwarme Milch
300 g Mehl
Salz
2 EL Zucker
1 Ei, 1 Eigelb
50 g Butter

Nussbutter:

50 g Butter
1 TL Zucker
3 EL gemahlene Haselnüsse

Kompott:

1 kleine Dose Aprikosen (250 g)
1 kleines Glas Kirschen (250 g)

150 Minuten

1 Die Hefe in der Milch auflösen und 4 Esslöffel Mehl unterrühren. Vorteig 30 Minuten an einem warmen Ort gehen lassen.

2 Das restliche Mehl mit Salz sieben und eine Mulde formen. Zucker, Ei und Eigelb hineingeben. Butter zugeben. Den Hefebrei in die Mulde gießen. Alles zu einem glatten Teig verarbeiten. Zugedeckt 60 Minuten an einem warmen Ort gehen lassen.

3 Von den Aprikosen 4 Stück aus dem Saft nehmen, abtropfen lassen.

4 Den Teig erneut durchkneten und in 4 Stücke teilen. Die Teigstücke flach drücken, jeweils eine Aprikosenhälfte mittig aufsetzen und zu einer nahtlosen Kugel formen. Zugedeckt 15 Minuten gehen lassen.

5 Wasser in einem breiten Topf aufkochen. Knödel in einen Dampfeinsatz oder in ein großes Sieb setzen und über Wasserdampf im geschlossenen Topf 15 Minuten garen.

6 Butter zerlassen. Zucker und Nüsse darin einmal aufschäumen. Die Germknödel mit der Nussbutter beträufeln und mit Kompott servieren.

Germknödel zubereiten

1 Aus den Zutaten einen Hefeteig kneten. Bis zu seinem doppelten Volumen gehen lassen.

2 Flache Teigquadrate mit je 1 Aprikosenhälfte besetzen und zu runden Knödeln formen.

3 Die Germknödel über Dampf im geschlossenen Topf garen, dabei auf die Temperatur achten.

Die Zubereitung der gefüllten Germknödel ist zwar recht aufwändig, aber eine echte Überraschung für Ihre Gäste beim nächsten Kaffeeklatsch.

Vanillesauce passt zu nahezu allen süßen Knödeln und Klößen. Es gibt viele Handelsprodukte in Pulverform, die sich problemlos zubereiten lassen. Man kann aber auch einfach einen Vanillepudding mit der doppelten Menge Milch zubereiten und erhält dann eine köstliche Sauce.

Sonntagsessen

Mohnknödel mit Vanillesauce

Für 4 Portionen

Mohnknödel:
1 l Milch
250 g gemahlener Mohn
60 g Rosinen
200 g Zucker
750 g Weißbrot
60 g geriebene Mandeln
4 Eier

Vanillesauce:
1/2 l Milch
1 Päckchen Vanillesaucenpulver
1 EL Zucker

60 bis 70 Minuten

1 Die Hälfte der Milch in einen Topf gießen und mit Mohn, Rosinen und der Hälfte des Zuckers aufkochen. Von der Kochstelle ziehen und 10 Minuten quellen lassen.

2 Das Weißbrot in 2 bis 3 Zentimeter dicke Scheiben schneiden. Die restliche Milch mit dem restlichen Zucker verrühren und das Brot darin einweichen. Sobald das Brot weich ist, gut ausdrücken.

3 Die Mandeln, die Eier und das eingeweichte Brot unter den gequollenen Mohn mischen und alles zu einem geschmeidigen Teig verarbeiten.

4 Reichlich Salzwasser in einem großen Topf zum Kochen bringen.

5 Mit feuchten Händen Knödel aus der Masse formen, in das kochende Wasser legen, kurz aufkochen, die Hitze reduzieren und die Knödel in 10 bis 20 Minuten gar ziehen lassen, bis sie an der Oberfläche schwimmen.

6 Inzwischen für die Vanillesauce von der Milch 3 Esslöffel abnehmen und Saucenpulver und Zucker damit anrühren. Die restliche Milch zum Kochen bringen und das angerührte Vanillesaucenpulver unter ständigem Rühren zugeben, kurz aufkochen, von der Kochstelle ziehen und abkühlen lassen.

7 Die heißen Mohnknödel mit der Vanillesauce auf Teller anrichten und sofort servieren.

Mohn sollte am besten fertig gemahlen gekauft werden.

Kernig

Mandelklöße

Für 4 Portionen

- 20 g Butter
- 200 g geriebene Mandeln
- 100 g Semmelbrösel
- 125 g Sahne
- 2 EL Zucker
- 1 TL Zimtpulver

Außerdem:

- Pflanzenfett zum Ausbacken

25 Minuten

1 Die Butter zerlassen. Mandeln, Semmelbrösel, Sahne und Zucker untermischen und die Mischung mit Zimt würzen. Klöße formen.

2 So viel Fett in einer Fritteuse oder in einem hohem Topf auf 180 °C erhitzen, dass die Klöße darin schwimmen können. Die Klöße in das heiße Fett geben und in 3 bis 4 Minuten ausbacken.

Tipps der Köchin

Lassen Sie das Fett richtig heiß werden, sonst saugen sich die Klöße damit voll. Die Mandelklöße können mit Kompott serviert werden.

Mohnknödel sind eine schlesische Spezialität, die weit über ihre Landesgrenzen hinaus Liebhaber gefunden hat.

Ob Klöße oder Knödel – mit Äpfeln lässt es sich hervorragend backen. Diese beiden Kreationen schmecken frisch einfach am besten. Man kann sie mit Kompott oder ganz schlicht mit Zimt und Zucker servieren.

Für die Zubereitung der Apfelklöße eignen sich am besten säuerliche Äpfel, z. B. die Sorten Cox Orange oder Boskop.

Einmal anders

Apfelknödel

Für 4 Portionen

500 g säuerliche Äpfel
40 g Butter
100 g Semmelbrösel
50 g Rosinen
1 EL Zimtpulver
2 EL Zucker
Ingwerpulver
2–3 Eier

Außerdem:

Mehl zum Wälzen
Pflanzenfett zum Ausbacken

35 Minuten

1 Die Äpfel waschen, schälen, Kerngehäuse und Stielansätze entfernen und das Fruchtfleisch klein schneiden. Die Butter erhitzen und die Apfelstücke darin kurz dünsten. Von der Kochstelle nehmen.

2 Semmelbrösel, Rosinen, Zimt, Zucker und Ingwer untermischen. So viele Eier unterarbeiten, dass ein geschmeidiger Teig entsteht. Knödel formen und in Mehl wälzen.

3 So viel Fett auf 180 °C erhitzen, dass die Knödel darin schwimmen können. Knödel in das Fett geben. und in 3 bis 4 Minuten ausbacken.

Fruchtig

Apfelklöße

Für 4 Portionen

500 g säuerliche Äpfel
40 g Butter
1/2 TL Backpulver
1 Ei
1/8 l Milch
300–350 g Mehl
Salz

35 Minuten

1 Die Äpfel waschen, schälen, Kerngehäuse und Stielansätze entfernen und das Fruchtfleisch klein würfeln.

2 Die Butter zerlassen und mit dem Backpulver, dem Ei, der Milch, den Apfelstücken und so viel Mehl wie notwendig zu einem geschmeidigen Teig verarbeiten.

3 Reichlich Salzwasser in einem großen Topf zum Kochen bringen.

4 Aus dem Teig Klöße formen, in das kochende Wasser legen, die Hitze reduzieren und die Klöße in etwa 15 Minuten gar ziehen lassen.

Tipps der Köchin

Beträufeln Sie die Apfelklöße mit einer Mischung aus 150 Gramm gebräunter Butter mit je 2 Esslöffel Zimt und Zucker. Wenn Sie es pikant lieben, nehmen Sie auch etwas Ingwerpulver.

Hefeteig braucht Zeit und Wärme, um gut zu gelingen. Der Mehlbeutel ist dafür ein Paradebeispiel. Soll der Mehlbeutel schneller garen, füllt man ihn mit in Butter gerösteten Weißbrotwürfeln. Zum Servieren den Kloß in Scheiben schneiden und mit Kompott anrichten.

Ein Hefeteig gelingt am besten mit frischer Hefe. Wichtig bei der Zubereitung ist, dass der Teig kräftig geknetet wird (am besten von Hand), damit er schön locker wird.

Schlicht

Mehlbeutel

Für 4 Portionen

30 g frische Hefe
1 EL Zucker
1/4 l lauwarme Milch
50 g Butter
500 g Mehl
Salz

210 Minuten

1 Hefe und Zucker in der Milch auflösen. Die Butter zerlassen. Mehl sieben und in die Mitte eine Mulde drücken. Salz, Hefemilch und Butter zugeben und alles zu einem glatten Teig verarbeiten. Zugedeckt etwa 60 Minuten gehen lassen, bis sich das Volumen verdoppelt hat.

2 Salzwasser zum Kochen bringen.

3 Teig durchkneten und zu einer Kugel formen. Ein gebrühtes, fest ausgewrungenes Tuch mit Mehl bestreuen, die Teigkugel darauf legen, die Zipfel des Tuchs verknoten. Den Kloß an einem Löffelstiel in das Wasser hängen. In 90 bis 120 Minuten gar ziehen.

Früchtig

Kirschklöße

Für 4 Portionen

500 g Kirschen
75 g Zucker
1 unbehandelte Zitrone
50 g Butter
Salz
75 g Mehl, 3 Eier
200 g Semmelbrösel

30 Minuten

1 Frische Kirschen entsteinen, zuckern, kochen und abkühlen.

2 Die Zitrone abwaschen und die Schale abreiben. Butter, eine Prise Salz und Zitronenschale schaumig rühren. Mehl unterziehen. Nach und nach Eier und Semmelbrösel unterrühren. Kirschen untermischen, nach Bedarf etwas Saft zugeben.

3 Salzwasser zum Kochen bringen.

4 Mit einem in kaltes Wasser getauchten Esslöffel Klöße von der Masse abstechen und ins Wasser legen, kurz aufkochen, die Hitze reduzieren und die Klöße in etwa 8 Minuten gar ziehen lassen.

Tipp der Köchin

Man kann das Gericht auch mit abgetropften Kirschen aus dem Glas zubereiten und lässt dann den Zucker weg.

Rezeptregister

Die Autorin

Petra Greinke, geboren in Leipzig, befasst sich seit 25 Jahren mit den Themen »Medizin« und »Gesunde Ernährung«. In ihrer Freizeit kocht sie leidenschaftlich gern für Gäste und sammelt seit langer Zeit Rezepte und Kochbücher aus aller Welt. Ihr Wissen gibt sie in Koch- und Backkursen für Kinder und Erwachsene weiter. Dieses Buch ist das gelungene Ergebnis aus Petra Greinkes persönlicher Vorliebe für Gnocchi und Klöße, der Lust am Ausprobieren und ihrer Rezepte-Sammelleidenschaft.

Der Fotograf

Ulrich Kerth war nach dem Abschluss an der Münchner Staatslehranstalt für Fotografie einige Jahre als Reportage- und Reisefotograf für verschiedene Verlage und Zeitschriften in der Welt unterwegs. Auf seinen vielen Reisen entdeckte er für sich immer mehr die Foodfotografie, die inzwischen zu seinem Schwerpunkt wurde. Ulrich Kerth, der in München lebt und arbeitet, hat bereits zahlreiche Bildbände und Kochbücher veröffentlicht.

Bildnachweis

Fotos: Ulrich Kerth, München
Foodstyling: Isabel Rohlfing
Requisite: Ulla Krause
Freisteller: Südwest Verlag, München

Hinweis

Das vorliegende Buch ist sorgfältig erarbeitet worden. Dennoch erfolgen alle Angaben ohne Gewähr. Weder Autorin noch Verlag können für eventuelle Nachteile oder Schäden, die aus den im Buch gemachten praktischen Hinweisen resultieren, eine Haftung übernehmen.

Impressum

Lektorat: Dr. Ute Paul-Prößler
Projektleitung für diese Ausgabe: Jacqueline Böttcher
Bildredaktion: Sabine Kestler
Food-Fotografie: Ulrich Kerth
Layout: Manuela Hutschenreiter
Satz/DTP: Maren Scherer, München
Satz für diese Ausgabe: Filmsatz Schröter, München
Umschlag: Atelier Versen, Bad Aibling
Druck und Verarbeitung: Neografia, Martin

Printed in Slovakia

ISBN 978-3-8094-2196-2

579/078930100X817 2635 4453 6271